논리는 개발이다

논리는 개발이다 |회의와 보고|

THE POWER OF
LOGICAL DEVELOPMENT

강태완 지음

룩스문디
LuxMundi

| 들어가는 글 |

1

이 책은 필자의 저서 『설득의 원리(페가수스, 2010)』에서 다루었던 세 가지 설득의 원리(권위적 설득, 정서적 설득 및 논리적 설득) 가운데 논리 파트에 해당되는 후속 작업의 결과물이다. 아리스토텔레스는 세 가지 방식으로 사람들을 설득하는 것이 가능하다고 보았다. 첫 번째가 권위적 설득 즉 말하는 사람의 품성을 근거로 설득하는 경우이다. 말하는 나 자신이 주장하는 분야의 전문가이거나, 현장 경험이 풍부하기 때문에 내가 주장하는 것은 믿을 만하다는 식의 설득 작업이 이루어진다. '나도 한때-' 시리즈로 유명한 이명박 전 대통령이 바로 이 권위적 설득 방식을 애용하는 대표적인 정치인이다. 혹시 나에게 이런 경험이나 식견이 없다면 '권위 있는' 사람의 이름이나 주장을 빌려와도 무방하다. 광고에서 흔히 사용되는 유명인 소구(celebrity appeal)가 있다. 김연아 선수나 가수 싸이에게 광고주들이 돈을 싸들고 달려드는 것도 이들의 '유명세' 즉 '권위'를 빌려 소비자의 마음을 움직여보려는 이유 때문이다.

두 번째가 정서적 설득으로서 수용자의 마음을 근거로 삼아 설득하는 방식이다. 이 설득 전략은 말하는 사람과 듣는 사람을 하나의 가치공동체 안에 묶어놓고서 듣는 사람의 마음을 무장해제시키는 힘을 발휘한다. 정치 선거에서 지역감정에 기대어 누군가 '우리가 남이가'라고 접근해올 때, '당연히 남이지'라면서 상대가 제안하는 연대와 공감의 가치를 거부할 정도로 용기 있는 사람은 그리 많지 않을 것이다. 마찬가지로 '붉은 악마'의 물결 속에서 혹은 '촛불 시위'의 군중들 가운데서 '나는 아닌데'라면서 나 홀로 회의하거나 흐름에 반하는 마음을 유지하기가 쉽지 않다. 정서적 설득은 다른 말로 동기적(motivational) 설득이라고 부르기도 한다. 주류광고에 예쁜 여자 연예인이 우리를 바라보면서 "저랑 한잔 하실래요?"라고 술을 권하면 '내 마음을 어떻게 알았지!' 하고 금세 동(움직이는)하는 것이 인지상정인 것이다. 이처럼 정서적 설득은 말하는 사람의 말에 의해 사실은 '이미' 듣는 사람의 마음에 내재된 어떤 상태를 불러일으키는 과정인 것이다. 과거 나치의 선전이나 오늘날 무수한 광고들이 우리의 마음을 '미루어 제시하는' 이 방식에 많이 의존하는 것도 설득의 근거가 바로 '내 마음'이기 때문에 그만큼 효과가 강력해질 수 있다는 것을 잘 알고 있기 때문이다.

이 두 가지 방식의 설득은 모두 '논증'(argment)의 형식을 갖추고 있다. 논증은 자신의 주장을 근거로 뒷받침할 때 성립되기 때문이다.(주장 + 근거) 하지만 이 두 가지 방식의 설득은 주장의 근거가 말 바깥(즉 말하는 사람의 권위나 듣는 사람의 마음)에 소재하고 있다는 점에서 '실체적'(substantial) 이다.

2

설득의 세 번째 방식인 논리적인 설득은 위의 두 가지 설득 방식과는 달리 자신이 주장하는 바의 근거가 말 안에 내재한다. 연역법의 예를 들어보자.

모든 사람(A)은 죽는다 (B)
소크라테스(C)는 사람이다 (A)
따라서 소크라테스(C)는 죽는다 (B)

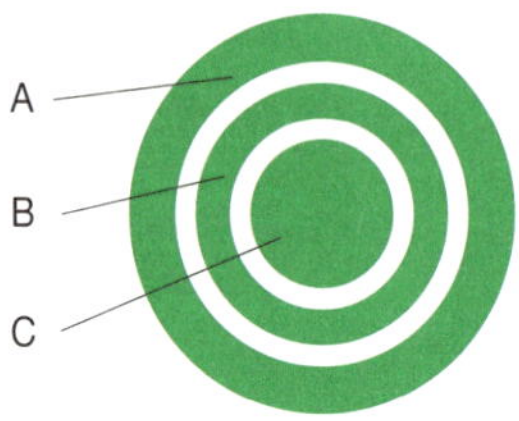

여기에서 말하는 사람이 주장하고자 하는 바는 결론 즉 "소크라테스는 죽는다"이다. 그렇다면 이 주장의 근거는 무엇인가? 그렇다. "소크라테스는 사람이다"가 된다. 이 두 가지 명제문을 연결하면, "소크라테스는 사람이기 때문에, 소크라테스도 죽는다"가 된다. 주장과 근거가 결합되어 있다는 점에서 이 주장은 논증의 꼴을 띠고 있다. 그리고 근거가 말 바깥의 권위나 감성에 기대는 것이 아니라 또 다른 명제문으로 제시되고 있다는 점에서 논리적인 설득에 해당된다. 그러나 이 두 가지 명제문만으로는 이 논증이 타당한지 여부를 판단할 수 없다. "소크라테스가 사람이기 때문에 죽는다"는 결론이 왜 당연한 것인지 의문이 제기될 수밖에 없다. 이때 이 연역을 주장하는 사람은 '자랑스럽게' 근거에 대한 더 큰 근거(즉 "모든 사람은 죽는다")를 제시하면서 주장하는 바의 논증을 마무리하게 된다.

이 연역 과정을 재구성하면 "모든 사람(A)은 죽는다(B)"는 대전제(큰 근거)에서 볼 때, "소크라테스(C)도 사람(A)에 속하기 때문에(소전제), "소크라테스(C)도 죽을 수밖에 없다(B)"는 결론이 자명해지는 것이다. 이 추론을 공간적으로 그려내면 (A)라는 범주가 가장 큰 집합을 형성하고 있는 가운데, (C)가 (A) 집합에 속하는 것이 확인된 이상 (A)가 지닌 '죽는다'는 속성 (B)를 (C) 역시 공유할 수밖에 없게 되는 것이다. 이처럼 연역법은 대전제가 참이고, 소전제가 대전제에 포함된다는 점이 확인된 이상 결론은 '예외 없이' 자명하게 도출된다. 그리고 이 추론의 핵심은 공간적 집합 개념이다. 연역법의 형식성은 바로 이 전제와 결론 혹은 근거와 주장 사이의 공간적 관계에 기반하고 있다. 이것이 바로 좁은 의미의 논리적인 설득의 핵심인 셈이다.

그러나 형식 논리가 추구하는 이 같은 논증의 엄정함과 형식성이 우리가 매일 펼치는 일상의 논리에까지 적용된다고 보기는 어렵다. 일상에서 우리는 'all or nothing'식의 보편적인 주장만을 펼치는 것은 아니기 때문이다. 몇 가지 단편적인 사례만을 가지고도 귀납적인 일반화를 감행하기도 하고, 불확실한 '설(說)'들을 과학적인 진리인 양 받들기도 한다. 이 점에서 일상의 논리들은 앞서 살펴본 권위적이거나 정서적인 설득과 마찬가지로 실체적 주장의 또 다른 예라고 볼 수 있다. 주장하는 바의 근거의 진위 여부가 결코 앞의 연역법과 같이 형식에 의해 담보되지 않는다. 주장의 진위를 판단하기 위해서는 말 바깥에서 추가적인 검증 작업이 필요하기 때문이다. 일상에서 우리는 엄격하고 과학적인 방법 가운데 하나인 연역법을 활용하기보다 연역적인 '꼴'을 취하는 주장을 펼칠 뿐이고, 귀납적인 '외양'을 띤 일반화의 논리만을 펼칠 뿐이다. 이 책에서는 이처럼 우리가 일상적으로 구사하는 비형식적이면서 논리의 모양을 갖춘 설득의 유형을 크게 6가지로 구분하여 제시하고 있다. 여기에는 공간적인 추론에 따른 연역법의 꼴을 취하는 '분류화'의 논리나 귀납법에 기반을 둔 '일반화'의 논리가 있다. 또한 '인과'나 '징후'와 같이 시간적인 추론에 입각한 논리적 설득도 있다. 나아가 '닮은꼴'이나 '은유'와 같이 비교를 통해 추론을 하는 경우도 있다. 이 책의 전반부 기초 논리 파트에는 이 여섯 가지 논리적인 설득의 유형들이 소개되어 있다. 이에 대한 상세한 내용은 본문을 참고하시라. 다만 이 책이 논리적인 설득 가운데 형식 논리가 아닌 비형식 논리 혹은 일상의 실체적인 논리만을 다루고 있다는 점만은 분명하게 밝히고자 한다.

3

형식 논리와 일상의 논리를 다 떠나서 우리는 통상 '논리'라고 하면 우선 겁부터 낸다. 논리가 어렵다는 생각에 머리가 멍해지면서 골치부터 아파오기 시작한다. 우리 주변에서 자기 스스로를 정말 '논리적인 사람'이라고 자부하는 경우가 몇이나 되겠는가. 아마 이 책을 읽는 독자들 역시 다양한 분야에서 논리의 부족을 느껴서 여기까지 오게 된 것이리라. 지난번 대선에서 박근혜 대통령처럼 논리 부족이 드러날까봐 선거운동 기간 내내 토론을 피하고서도 집권에 성공하는 기가 막힌 현실이 불가능한 것만은 아니다. 그렇지만 우리가 살아가는 세상이 늘 이런 행운으로 넘쳐흐를 수만은 없지 않은가. 논리를 떠나서 세상을 살아갈 수 없다면 좀 더 쉽게 논리를 능수능란하게 활용할 수 있는 방법은 없을까?

이 책이 제안하는 방법은 바로 '논리나무'라고 하는 시각적 보조 도구를 활용하는 것이다. 논리를 '시각화'하려는 시도는 어제 오늘 일이 아니다. 20세기 초 미국의 법학자 위그모어(John Henry Wigmore)는 법정에서의 논증을 플로차트(flowchart)와 같은 방식으로 제시한 바 있고, 영국의 철학자 툴민(Stephen Toulmin)은 1960년대에 다이어그램 형태의 논증 모델을 제시하여 수사학, 커뮤니케이션학, 토론 등의 분야에서 오늘날까지 광범위하게 활용되고 있는 실정이다.

이 책에서 내가 제시하는 방법은 '논리나무 키우기'이다. 논리나무(logictree)란 말 그대로 주장과 근거의 연계로 이루어진 논증의 나무(tree of argument)이다. 논리나무를 이용하여 앞서 거론했던 연역법 사례를 그리면 아래와 같다.

대전제가 나무의 가장 꼭대기 층에 위치하고 있고, 소전제가 중간 가지, 그리고 주장 혹은 결론이 가장 하위인 뿌리에 위치하고 있다. 상위에서 하위로 단계를 내려오는 계단(↓)은 사유의 과정을 의미한다. 보편적인 이론(대전제)을 사유하는 과정에서 이 이론이 적용되는 사례(결론/주장)들이 확인되는 것이다.(so, 따라서) 아래에서 위로 오르는 과정(↑)은 주장의 근거를 찾는 것이다.(why, 왜냐하면) 위에서 아래로의 단계를 내려가면 내려갈수록 사유의 깊이가 깊어진다. 반면 아래에서 위로 올라갈수록 최고의 이론인 진리라는 열매에 가까이 다가서게 되는 것이다. 근거의 가장 상위에는 보편이론들의 세계가 펼쳐져 있다. 이를 논리나무로 그리면 다음 그림과 같다.

반면 논리나무의 수평의 축은 근거의 폭을 확대하는 것을 상징한다. 수평축을 넓히면 넓힐수록 근거의 폭도 넓어지고, 그만큼 사유의 폭도 확대되는 것이다. 마치 나무의 뿌리가 넓게 퍼져서 논리나무가 그만큼 더 탄탄하게 뿌리를 뻗는 것과 같다.

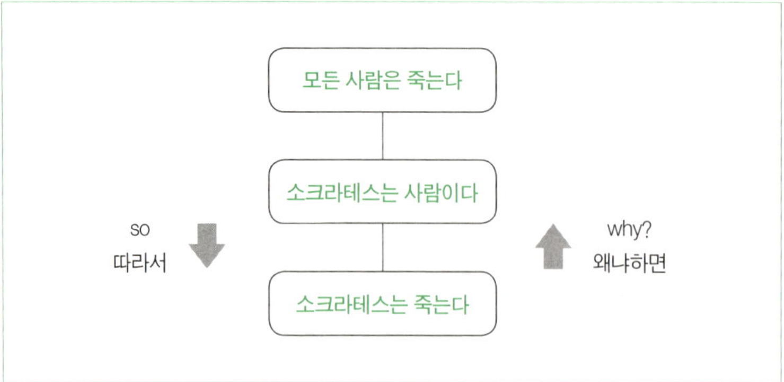

이에 따라 하나의 사례(소크라테스)에서만 확인되었던 진리(모든 사람은 죽는다)가 더 많은 추가 사례(플라톤/공자 등)들을 통해 검증에 검증을 거듭하게 된다. 또 다른 측면에서 논리나무 위에서 아래로의 흐름은 연역적 절차에 해당된다. 대전제/일반 이론을 출발점으로 삼아 개별 사례들을 점검하기 때문이다. 반면 논리나무 아래에서 위로의 상승의 흐름은 귀납법에 해당한다. 개별 사례들을 모으고 모아서 공통된 속성을 뽑았더니 일반화된 이론에 도달하게 된다.

이처럼 논리의 전체 운동을 일목요연하게 파악하고 움직임의 세부 단계를 이해하는 데 있어서 논리나무만큼 유용한 틀은 없다고 할 수 있다. 웹상에서 논리나무를 그릴 수 있게 하기 위한 도구로서 필자는 연구공동체 '공감마루'와 함께 '논리나무 1.0'을 개발하여 베타 버전을 내놓은 바 있다.(www.logiccom.co.kr) 논리나무를 손으로 그리든 이 응용프로그램을 사용하든 아니면 여타의 그래픽 도구를 활용하든 자신이 주장하고자 하는 바의 논리나, 누군가 논증해놓은 논설 텍스트를 논리나무의 구조로 재구성해보시라. 복잡하고 부담스러운 논리의 세계가 한층 쉽고 재미있게 다가오는 것을 경험할 수 있으리라 본다.

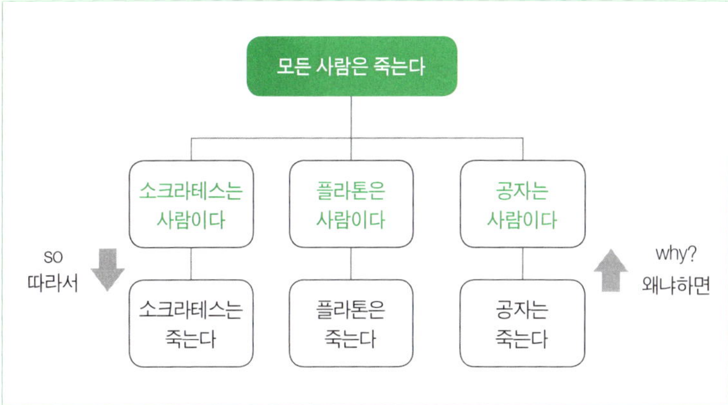

4

이제 이 책의 구성에 대해 소개하도록 하겠다. 이 책은 논리나무를 동원하여 논리적인 능력과 응용력을 높여가는 데 도움을 주기 위해 기획된 실용논리에 관한 책이다. 따라서 일체의 형식 논리에 관한 언급은 배제되어 있다. 형식 논리 분야는 필자의 능력 밖의 영역이기도 하다. 이 책에서 소개하는 바는 비형식적인 일상 논리의 기본 원리와 이를 활용한 필수 논리들이다. 먼저 이 책의 전반부에는 기초 논리를 다루고 있다. 논리나무의 기본 구조와 이에 내재된 논리의 기본 운동에 대해 살펴본 다음, 앞서 제시한 여섯 가지의 기초 논리의 유형을 소개하고자 한다. 논리나무는 크게 분류와 확장, 추론과 도약 및 생략과 압축이라는 여섯 가지 운동을 한다. 논리나무에서 일어나는 이 같은 논리의 기본 움직임만 잘 이해해도 우리들의 논리 능력은 훨씬 제고될 수 있으리라 본다. 나아가 공간적, 시간적, 비교에 의한 추론을 논리의 근거로 자유자재로 활용할 수 있다면,

최고의 논리 실천력을 겸비한 소통의 달인이 되지 않을까?

이어 후반부에는 이 같은 기초 논리를 적용해볼 수 있는 분야로서 회의와 보고라는 두 영역을 선정하여, 말로서 혹은 글로서 논리적인 소통을 하기 위해서 무엇이 필요한지 살펴보고자 한다. 이 두 분야는 우리가 사회생활을 하기 위해서 늘 부딪혀야 하는 영역이다. 자신의 주장을 회의나 보고에서 관철하기 위해 우리는 반드시 '필수 논리'를 익혀야 한다. '필수 논리'는 현실에서의 어떠한 변화를 제기하는 모든 주장자들이 자신의 주장의 논리성을 제고하기 위해 반드시 담아야 하는 필수적인 논리 구성요소이다. 필수 논리는 크게 변화의 명분-방안-이익의 세 차원으로 구성되어 있다. 이에 대한 상세한 설명 역시 이 책의 후반부를 참고하면 될 것이다. 특히 응용 논리 파트는 직장인과 같이 업무에서 논리적인 설득의 어려움을 절감하시는 독자들에게 자신의 주장의 설득력을 높이는 데 보탬이 되리라 본다.

5

이 책이 나오게 된 배경에는 무엇보다도 롯데인재개발원의 도움이 절대적이었다. 특히 신성진 연구원(현 LG연수원) 덕분에 아이디어 단계였던 이 책의 내용들을 직장인 연수 프로그램으로 개발할 수 있었다. 2011년부터 2년여에 걸친 교육 운영의 성과가 이 책으로 정리된 것이라고 말할 수 있다. 지난 2년 동안 이 교재를 내용으로 한 〈비즈니스 논리〉 프로그램에 참가하여 골치 아픈 논리를 배우고 익히느라고 고생이 많았던 수많은 롯데 피교육생 여러분들께도 이 자리를 빌려 감사의 말씀을 전해드리고 싶다. 일선 현장 업무에 바쁜 가운데 따로 시간을 내어 교육에 참가하고, 사전 테스트에서부터 사후 보고서에 이르기까지 몇 단계의 시험까지 치르느라 고생 많았으리라 본다. 그래도 사후 테스트 답안지에 '교육이 도움이 되었다', '현장에 바로 써먹을 수 있는 내용이어서 무척 좋았다'는 식의 반응을 남겨주어서 채점하면서도 무척 큰 힘과 자신을 얻었다는 점을 밝히는 바이다.

이보다 일찍이 2010년부터 이 책의 내용 가운데 일부는 조계종 산하 전통불교문화원에서 스님들을 대상으로 한 연수 프로그램인 〈리더십과 커뮤니케이션〉 교육에 적용해본 바가 있다. 필자의 실험을 적극적으로 지원해주고 응원해주신 조계종 연수팀과 그 책임을 맡으신 양진호 과장님께도 이 자리를 빌려 감사의 말씀을 올린다. 아울러 재직 중인 경희대학교 언론정보학과에서 맡았던 〈수사학〉, 〈전략커뮤니케이션〉, 〈논리와 사고〉 등의 강의과목 역시 초안 단계의 아이디어들을 가다듬는 데 큰 도움이 되었다. 같은 길을 걷고 있는 나의 든든한 동학들인 소통공동체 '공감마루' 식구들께도 늘 감사하는 마음이다. 마지막으로 이 책의 출간을 위해 애써주신 경희대학교 출판문화원 유영학 원장님과 실무를 진행해준 김종현 선생님과 김반희 선생님께 고맙다는 인사 올린다.

2013년을 열며

저자 씀

| 차례 |

제1장

논리란 무엇인가?

01
일상생활에서의 논리 교육의 필요성

: : 업무에서의 논리 활용

논리적 글쓰기의 중요성 일상생활에서 논리 교육은 왜 필요할까. 우선 업무상 논리가 활용되는 여러 가지 상황 속에서 그 답을 찾아보려 한다. 잡코리아에서 직장인을 대상으로 실시한 설문 조사를 살펴보자. '업무와 관련된 글쓰기에서 직장인들이 가장 중요하게 생각하는 것은 무엇일까?'라는 질문에 전체 응답자 중 80%에 가까운 사람들이 논리력을 가장 중요한 글쓰기 능력으로 생각했다. 어휘력(47%), 기획력(36%), 창의력(26.8%)

업무상 글 쓸 때 가장 중요한 능력은?

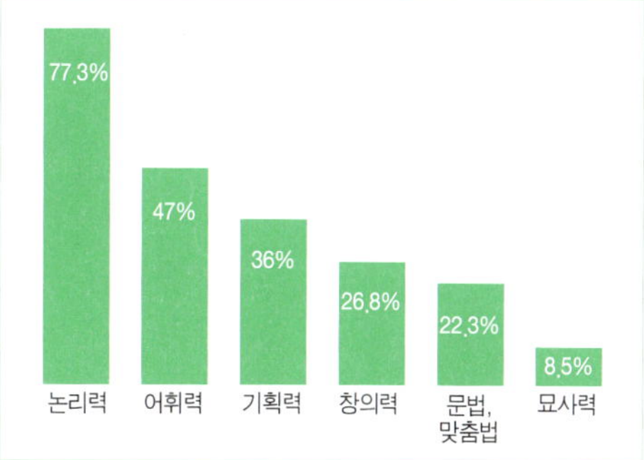

* 출처: 잡코리아(datanews.co.kr, 2009. 10. 19)

등은 그 뒤를 이었다.(복수응답 허용) 많은 직장인들이 업무상 글쓰기에 어려움과 부담감을 가지고 있으며, 결과적으로 논리적인 능력이 부족하다는 것을 자각하고 있다는 것이다.

보고 체계에서 드러나는 문제점 그렇다면 직장인들은 왜 논리력을 가장 중요한 글쓰기 능력으로 생각한 것일까? 설문 조사 결과 직장인들이 가장 어렵게 생각하는 문서는 제안서 또는 기획서로, 전체 응답자 중 66.5%에 달했다. 응답자의 55.8%는 보고서 작성을 어렵다고 밝혀, 위 결과와 마찬가지로 직장인들은 논리적인 문서를 작성하는 데 많은 고충을 토로하고 있었다.(복수응답 허용)

반면 직장 내 상사들은 부하직원이 이처럼 어렵게 작성한 보고서에 대체로 만족하지 못하고 있었다. 주장하고자 하는 바가 명확하지 않거나(18.7%) 문제와 원인, 결과 사이의 관계가 불분명하다는 점(17.5%), 상사의 의도나 취지를 반영하지 못한 점 등이 그 이유였다. 요약 정리가 약하거나 중요 사항이 누락되는 경우, 표현력이 부족하거나 주장을 중복하는 경우 역시 다수를 차지했다. 이 같은 조사결과는 〈보고서〉라는 논리적 글쓰기의 주체(직장인)와 대상(상사) 사이에 벌어지고 있는 불일치한 상황을 잘 묘사해주고 있다. 그렇다면 말로 논리를 풀어 나가는 회의는 어떠한가?

현재의 회의 진행 방식 취업포털 인크루트가 2011년 직장인 501명을 대상으로 직장 내 회의 문화에 대한 설문 조사를 실시했다. 절반 이상인 53.9%의 응답자가 '상사 의견만 전달되고 일방적으로 진행되는 회의'라고 응답했고, '모두의 의견이 자유롭게 오가며 창의적으로 진행되는 회의'는 33.9%에 그쳤다. 심지어 '아무도 말을 하지 않는 침묵의 회의'라고 답한 설

회의 진행 방식

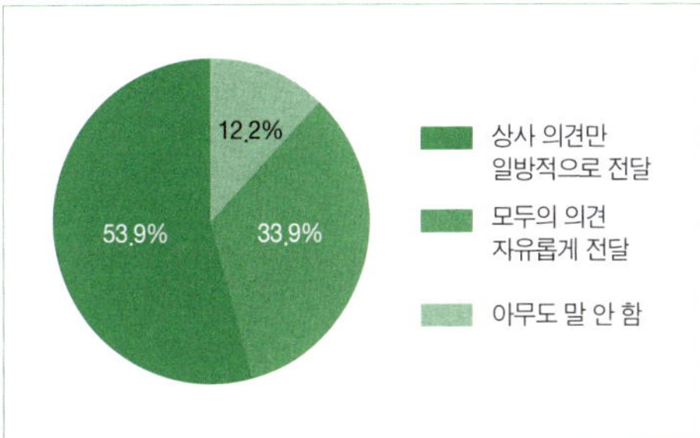

* 출처: 인쿠르트(한겨레, 2011. 08. 04)

문자도 12.2%에 이르렀다.

회의의 결론도 일방적으로 내려지고 있었다. '회의의 결론은 결국 상사의 의견대로'라는 답변이 65.7%로, '누구의 의견이든 가장 합당한 의견으로 결론 난다'는 답변(34.3%)의 배 이상을 차지했다. 설문조사 관계자는 "조사 결과를 보면 어차피 독단적으로 결정될 것이 뻔한 회의에 참석해야 하는 것에 대한 스트레스가 가장 큰 것으로 나타났다"며 "시간을 내서 참석했는데 막상 와보니 참석해야 할 이유를 전혀 찾지 못하는 경우가 많다"라고 밝혔다. 글을 기반으로 하는 보고서와 마찬가지로, 말을 기반으로 논리적인 주장과 근거를 동원해 합리적인 의사 결정을 내려야 하는 회의 또한 전혀 바람직하지 못한 형태로 진행되고 있음이 여실히 드러난 것이다.

함께 회의하기 어려운 동료 유형 그렇다면 회의참석자들의 어떠한 소통행태가 이처럼 합리적인 회의 진행을 막고 있는 것일까. 직장인들이

회의하기 어려운 동료

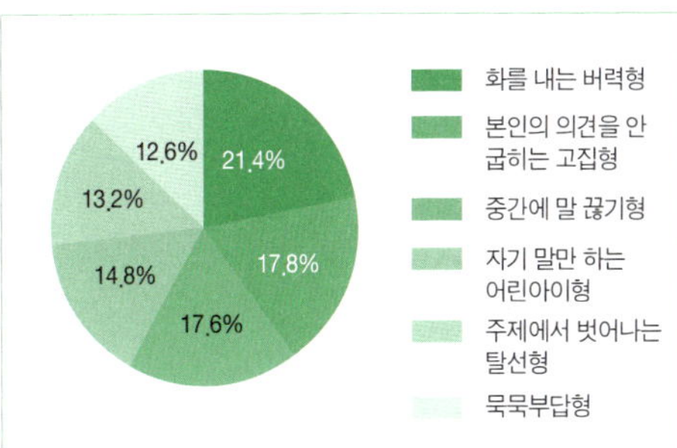

같이 회의하기 가장 힘든 동료로 꼽은 경우는 '화를 내는 버럭형'(21.4%)이었다. '본인의견을 안 굽히는 고집형'(17.8%), '중간에 말끊기형'(17.6%), '자기 말만 하는 어린아이형'(14.8%), '주제에서 벗

어나는 탈선형'(13.2%) 등이 그 뒤를 이었다. 이 유형들은 의사소통 스킬 자체가 떨어지는 경우나, 논리적인 능력이 떨어지기 때문에 나타나는 모습들이었다.

보고와 회의, 즉 글과 말이 동원되는 일상 업무에서 논리적인 능력이 발휘되지 못하면 기본적인 소통은 물론 우리의 경쟁력에도 문제가 나타날 수 있다. 논리개발 능력은 기업의 의사 결정 과정에서 가장 중요하고 필수 불가결한 능력 가운데 하나라서 그 자체가 훈련과 교육의 대상이 되어야 할 필요성이 제기된다.

: : 논리개발 학습의 효과

설득력 강화 우리가 논리의 원리와 논리개발 방법을 학습하게 되면 구체적으로 어떠한 효과를 기대할 수 있을까?

실용 논리를 배우면 가장 먼저 설득력이 제고된다. 주어진 상황에서 가장 효과적인 설득 수단이 바로 논리이기 때문이다. 앞에서 언급한 바와 같이 설득은 크게 세 가지로 근거를 동원할 수 있다. 권위적인 설득과 정서적인 설득 그리고 논리적인 설득이 바로 그것이다. 논리적 설득의 힘은 권위적 설득이나 정서적인 설득보다 훨씬 강하다. 권위적, 정서적 설득의 경우 말하는 사람의 권위가 떨어지거나 듣는 사람의 마음이 바뀌면 그 효과가 반감되지만, 논리에 근거한 설득은 대부분 사실에 기인하고 있기 때문에 사실 자체가 흔들리지 않는 이상 효과가 지속된다. 이른바 진리의 효과인 것이다.

합리적 사고 강화 실용 논리를 배우면 보다 합리적인 사람이 될 수 있다. 직장 상사가 논리적인 설득을 하는 유형이라고 생각해보자. 그는 아마 직장 내에서 합리적이고 이성적으로 주어진 과제에 접근하고 판단하는 사람일 것이다. 논리적 유형은 지위에 기대어서 결정을 강제하거나(권위적 설득) 감정이나 기분에 따라 즉흥적으로 판단(정서적 설득)을 하지 않고 모든 사안을 냉정하면서도 합리적으로 판단한다.

실용적 사고 강화 실용 논리를 통해 우리는 일상에 바로 활용할 수 있는 실용적인 업무 능력을 갖출 수 있다. 실용 논리는 우리가 흔히 논리라고 하면 떠올리게 되는 이른바 형식 논리와는 다르다.(형식 논리와 구별짓기 위해 실용 논리는 비형식 논리라고도 불린다)

형식 논리와 비형식 논리는 어떠한 차이점이 있을까. 형식 논리는 추상적이고 수리에 기반해 논리를 형식화시켰다면, 비형식 논리는 현실의 구체적인 상황을 고려해 논리의 움직임을 포착하고 이를 체계화하는 데 중점을 두고 있다. 따라서 실용 논리를 익히게 되면, 논리의 활용도를 높여 일상의 현장, 곧 회의나 보고에 논리를 응용하는 논리개발 능력을 기를 수 있다.

02
실용 논리의 기본 움직임

논리를 알면 관계적인 사고를 할 수 있다 구체적 사례를 통해 실용 논리의 특징을 좀 더 세부적으로 살펴보자. '브라질에 비가 내리면 스타벅스 주식을 사라'는 말을 들어본 적이 있는가? 브라질에 내리는 비와 스타벅스 주식 사이에 도대체 무슨 관계가 있다는 말인가. 그런데 논리는 전혀 무관하게 보이는 두 현상 사이에 엄정한 인과적인 관계가 내재되어 있음을 추적한다. 추적은 다음과 같이 전개된다.

> 브라질에 비가 내리면 가뭄이 해소된다→그러면 커피 수확량이 증가한다→이로 인해 원두 가격이 하락한다→스타벅스의 이윤은 향상된다→그 결과 스타벅스의 주가가 상승한다.

논리는 이처럼 현상 뒤에 숨겨진 관계의 본질을 파악할 수 있게 하는 강력한 사고의 수단이다. 이러한 논리의 움직임에서 우리는 사고를 무한

'브라질에 비가 내리면 스타벅스 주식을 사라.'

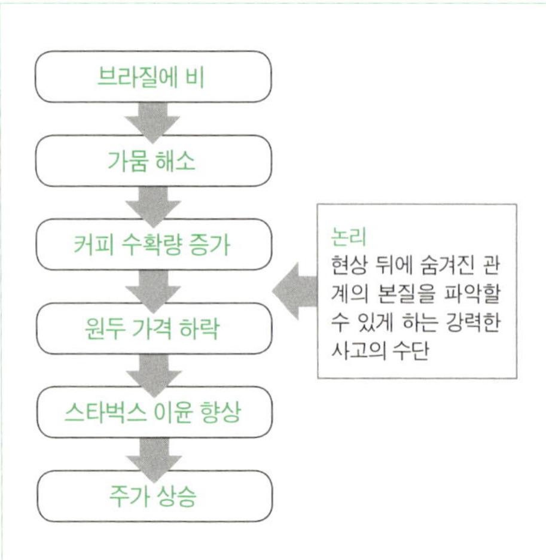

대로 확장할 수 있는 힘을 발견하게 된다. 논리적인 능력이 부족하다면, 브라질에 비가 내린다는 사실에 단순히 강수량이나 홍수 피해 등만을 떠올릴 것이다.

논리는 우리의 창의적인 능력도 키워준다. 게다가 전혀 연관성이 없어 보이는 두 개의 사물 사이에 내재된 관계의 본질을 꿰뚫어볼 수 있는 통찰력도 갖추어준다. 아울러 이렇게 무한대로 확장된 사고 내에 포착된 대상들을 어떠한 체계와 원칙에 입각해 구분해야 하는지에 대한 능력 또한 키워준다. 이를테면 브라질에 비가 내릴 경우 사야 할 주식과 브라질에 가뭄이 들었을 때 사야 할 주식을 구분

'브라질에 가뭄이 들면 제지 회사 주식을 사라.'

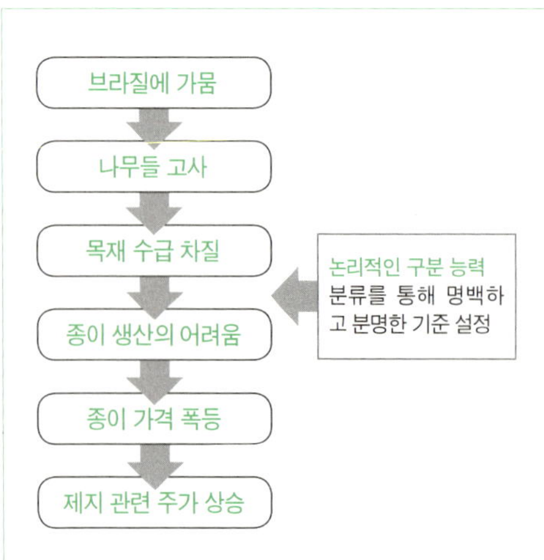

하는 것이다. 가령 '브라질에 가뭄이 든다→벌목될 나무들이 고사한다→펄프의 원료인 목재 수급에 차질이 빚어진다→종이 생산이 어려워진다→종이 가격이 폭등한다→제지 관련 회사 주식이 폭등'하게 되니, 제지 관련 회사의 주식을 사면된다는 식의 판단을 내릴 수 있게

되는 것이다.

이제 현상의 배후를 추적하는 논리의 움직임을 보다 세부적으로 살펴보자. 논리는 크게 세 가지 움직임을 갖는다. 첫째가 확장과 확장한 것의 분류이다. 앞서 논리나무를 예로 들면 수평축에 해당되는 부분이다. 두 번째가 추론과 도약이다. 논리나무의 수직축에서의 움직임으로서 단계를 상승 혹은 하강하는 행위 자체가 '도약'이 된다. 도약은 전제 즉 출발점이 담보하지 않은 결론으로 이동한다는 점에서 '추론'이 되는 것이다. 논리의 세 번째 움직임은 생략과 압축이다. 앞서 우리는 삼단논법이라 불리는 연역법을 언급한 바 있다. 일상의 논리는 그러나 이처럼 모든 단계를 다 거치면서 주장을 펼치지는 않는다. 연역적 사유의 모든 단계를 뛰어넘고서 한마디로 '소크라테스고 뭐고 예외 없이 다 죽어!'라는 식으로 주장하는 바를 압축할 수 있다. 그리고 이렇게 말하는 편이 오히려 일상의 화법에 가깝다.

이제 이 세 가지 논리나무의 운동에 대해 좀 더 세부적으로 살펴보자.

: : 첫 번째 기초 논리 - 분류와 확장

논리의 첫 번째 움직임인 '분류와 확장'를 어린 시절의 전쟁놀이 경험에 적용해 이해해보자. 먼저 확장이다. 전쟁놀이가 더욱 재미있어지려면 놀이에 참가하는 아이들의 규모와 범위가 커져야 한다. 외연이 확대되면 될수록, 그에 따라 놀이 참가자들이 이질적이면 이질적일수록, 놀이는 실전을 방불케 할 정도로 치열해진다. 다시 말해, 놀이의 참가 대상이 옆 마을로 확대되어 타 동네 아이들까지 참여하게 되면, 놀이의 스릴이 배가되는 것이다. 경쟁 관계에 놓여 있는 기업들 간의 관계 역시 이에 준하는 특징을 보인다.

분류와 확장 적용하기: 분류의 핵심, MECE 이제 놀이에 참가한 아이들의 편을 구분하는 작업이 필요하다. 나이든, 학년이든, 거주지든 간에, 누가 내 편이고 누가 상대편인지를 엄밀한 기준과 원칙에 따라 구분해야 피아가 확실해진다. 이러한 분류적인 사고의 핵심은 바로 MECE(Mutually Exclusive and Collectively Exhaustive)이다. ME란 서로 중복되는 항목이 없도록 하는 것이고, CE란 항목들의 합이 요소의 전체가 되도록 하는 것이다. 다시 말해 어떤 사항에 중복도 누락도 없게 해 부분으로 전체를 파악하게 할 수 있는 것을 말한다.

전쟁놀이에서 MECE 원리는 가능한 많은 수의 아이들이 놀이에 참가하는 동시에(확장) 모든 참가자들이 우리 편 아니면 상대편에 모두 속해야 한다는 데(분류) 있다. 따라서 우리 편이나 상대편 모두에 양다리를 걸치는 존재는 용인될 수 없다.(배타성) 물론 놀이에 참가할 능력이 떨어지는 코흘리개 동생들은 깍두기로 간주해 놀이에 방해가 되지 않는 선에서 배려하기도 한다.(포괄성) 포괄성과 배타성의 원칙을 지키기 위한 고육지책이기는 하지만 말이다. 어린 시절 우리는 이 같은 놀이를 통해 MECE와 같은 논리운동을 자연스럽게 배웠다.

우리가 언어를 무의식적으로 배우고 익히듯이, 논리적인 능력 역시 놀이를 통해 무의식적으로 익힐 수 있었던 것이다. 따라서 우리의 머릿속에는 논리의 DNA가 충분히 발달되어 있다. 다만 우리가 우리 자신의 잠재적인 논리 능력을 의식하지 못할 뿐이다. 훈련과 노력이 잠자고 있는 우리의 논리개발 능력을 깨우쳐 줄 것이다.

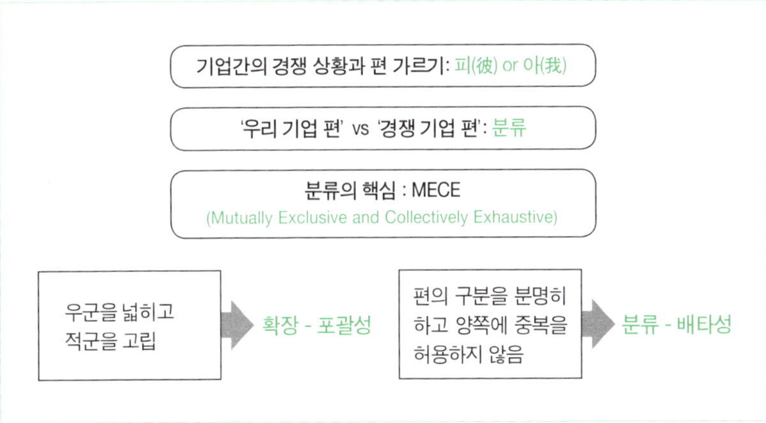

:: 두 번째 기초 논리 - 추론과 도약

논리의 두 번째 움직임은 추론과 도약이다. 우리가 어떠한 메시지를 접할 때 '논리적이구나'라고 판단할 수 있는 기준은 무엇일까?

논리적인 말과 비논리적인 말을 구분하는 절대적인 기준은 '어떠한 근거를 기반으로 해 주장을 펼쳤는가'이다. 합리적인 결론이나 논리적인 주장을 펼치기 위해서는 주장이나 결론을 뒷받침하는 객관적인 전제 혹은 근거를 필요로 한다. 이와 같은 전제 또는 근거를 기반으로 결론 혹은 주장으로 이동하는 것을 '도약'이라고 한다. 전제에서 결론 또는 근거에서 주장으로 이동하는 것 자체가 100% 확실성을 담보하기 어려운, 일종의 모험이기 때문이다.

앞서 제시된 예를 다시 들어보자. '브라질에 비가 내리면 스타벅스 주식을 사라'고 누군가 주장한다. 전혀 관련성이 없어 보이는 두 개의 현상 사이에 '인과'적인 관계가 있는 것처럼 표현하는 이 주장 혹은 결론을 접하고 나면, 누구나 '왜'라는 질문을 던진다. 그리고 이 질문에 대한 답은

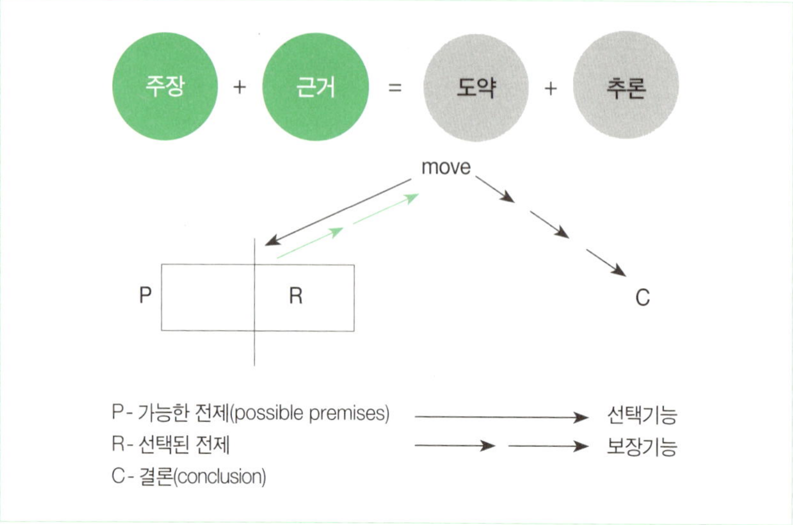

바로 이 주장을 지지하는 근거들이 된다. 왜냐하면 브라질에 비가 내리면 가뭄이 해소될 것이고, 그러면 커피 수확량이 증가할 것이며, 이로 인해 원두 가격이 하락하면, 스타벅스의 이윤이 향상될 것이고, 그 결과 스타벅스의 주가가 상승할 것이기 때문이다. 이러한 근거를 통해 비로소 논리적인 주장, 즉 논증이 성립되는 것이다.

그런데 이 전체 근거를 쪼개어 들여다보면, 작은 주장과 근거의 하위 연계 구조로 이루어져 있다는 것을 알 수 있다. 이를테면, 아래와 같은 세부적인 추론으로 구성되어 있는 것이다.

> 브라질에 비가 내리면 커피 수확량이 증가한다.(주장)
> 왜냐하면 가뭄이 해소되기 때문이다.(근거)
> 커피 수확량이 증가하면 스타벅스 이윤이 향상될 것이다.(주장)
> 왜냐하면 원두 가격이 하락하기 때문이다.(근거)
> 원두 가격이 하락하면 스타벅스 주가가 상승할 것이다.(주장)

왜냐하면 스타벅스 이윤이 향상되기 때문이다.(근거)

이때 원두 가격 하락이 스타벅스 이윤을 향상시킨다든가 커피 수확량의 증가가 원두 가격의 하락을 초래할 개연성은 높지만, 이 인과관계가 100% 확실성을 가지지 못한다는 면에서 이러한 근거에 입각한 주장들은 모두 일종의 지적 모험이고 논리적인 비약이다. 이처럼 논리의 추론은 짜릿하고 스릴 넘치는 사고의 도약 과정이다.

추론과 도약 적용하기 논리의 추론 능력을 어린 시절 전쟁놀이에 다시 대입해보자. 아군과 적군을 구분하는 범주적 사고가 이루어질 때, 우리는 동시에, 분류된 대상이나 집단의 속성에 대해 가치판단을 내린다. 대개는 우리 편은 좋은 사람, 상대편은 나쁜 사람이라는 식으로 집단의 속성에 따른 가치판단을 한다. 물론 좋다, 나쁘다는 판단 기준이 '내 편이냐 아니냐'로 결정되는 '원시적인' 수준이기는 하지만, 놀이를 통해 이러한 논리적인 추론과 판단능력을 훈련하고 내면화하는 기회를 가졌음은 분명하다. 경쟁 상황에 놓여 있는 다른 기업이나 조직에 대한 판단 역시 이와 비슷하다. 이에 따라 우리 기업에 우호적인 타 조직은 좋은 회사이지만, 경

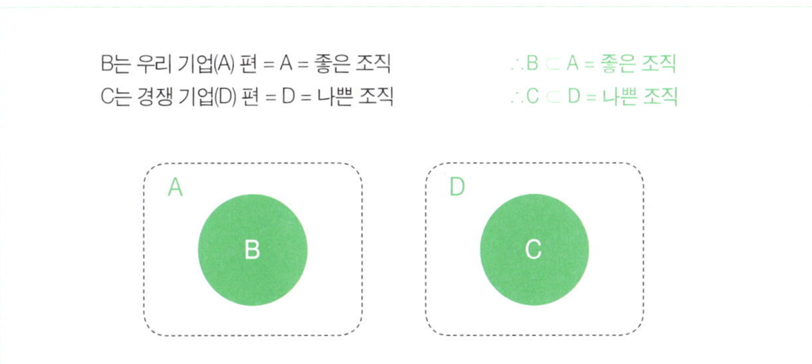

쟁 회사에 우호적인 타 조직은 나쁜 회사가 되는 것이다.

이 같은 우리들의 추론 능력은 도대체 어디에서 왔을까? 아마 인류학적으로도 추론 능력이 뛰어난 사람, 예를 들면, '나뭇가지가 흔들리면 무서운 동물이 숨어서 나를 노리는 것'으로 추론한 사람의 생존 가능성이 더 높았을 것이다. 이렇게 보면 논리적인 추론 능력이 적자 생존할 수 있는 중요한 능력 가운데 하나였으리라. 인류의 발달 과정에서 분류를 잘하고 추론을 잘하는 논리적인 능력이 일종의 우성 DNA였을 것이다. 그리고 그 DNA를 보유한 조상의 후손들이 나를 포함한 우리 독자들인 셈이다. 우리가 남다른 논리 잠재력을 가졌다고 자부할만 하지 않은가?

: : 세 번째 기초 논리 - 생략과 압축

실용 논리의 세 번째 특징은 압축이다. 우리는 논리하면 대개 형식 논리상의 삼단논법을 떠올린다. 바로 연역법과 귀납법이다.

> 성장기 기업은 인수할 가치가 있다.
> A사는 성장기 기업이다.
> 따라서 A사는 인수할 가치가 있다

이는 연역법의 대표적인 사례이다. 귀납법 역시 익숙한 형식이다.

> 미국 기업이 중국 진출에 박차를 가하고 있다.
> 일본 기업이 중국 진출에 박차를 가하고 있다.
> 전 세계의 기업이 중국 진출에 박차를 가하고 있다.

하지만 일상에서 이렇게 삼단논법으로 논리를 펼치다가는 웃음거리가 되기 십상이다. 그렇다면 우리에게 익숙한, 현실적인 논리 표현은 어떤 것일까. 첫 번째 예에서는 '그 회사도 쓸 만해'라는 표현으로 성장기 기업은 모두 쓸 만하다는 연역적 결론을 얻을 수 있고, 두 번째 예에서는 "역시 중국 시장이 크긴 커"라는 보편적인 일반화로 귀납적 결론을 얻을 수 있다. 이처럼 실용 논리에서 가장 두드러진 특징은 생략과 압축이다. "그 회사 쓸 만해"라는 연역적 주장은 대전제와 소전제가 생략된 채 결론만 제시되어 있고, "역시 중국 시장이 크긴 커"라는 일반화한 결론도 전제 1, 2, 3 등이 생략된 채 결론만 압축적으로 제시된 상태이기 때문이다.

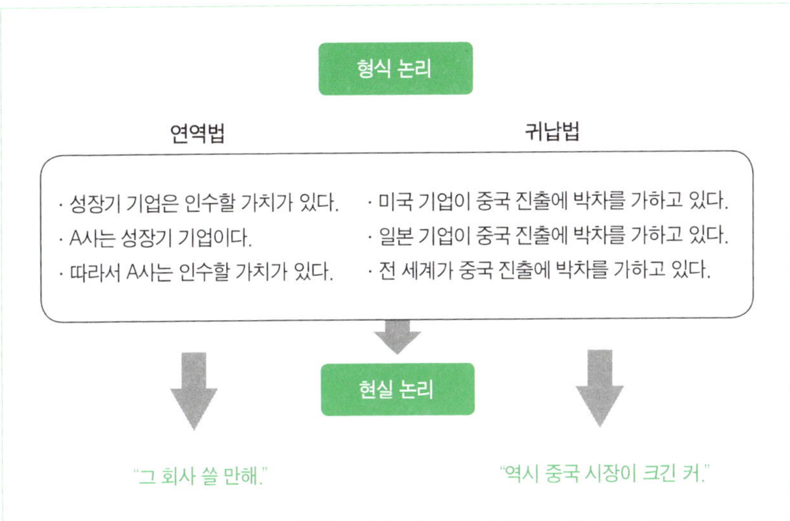

생략과 압축의 효과: 생략삼단논법과 예증법으로의 변환 생략과 압축을 활용한 실용 논리는 형식 논리의 연역법을 생략삼단논법으로, 귀납법은 예증법으로 각각 대응해 변환시킨다.

실용 논리의 생략과 압축 과정은 논리적인 소통 과정에서 두 가지의 특징을 보인다. 말하는 사람은 이처럼 생략된 전제를 기반으로 논리적인 추론 과정을 거쳤음에도 자신의 주장이 논리적이라고 생각하지 못한다. 삼단논법적인 사고를 했지만 생략된 전제들로 인해 자신의 논리적 능력을 자각하지 못하거나 과소평가하는 결과를 낳는 것이다. 말을 듣는 입장에서도 생략된 전제를 의식적으로 찾으려는 노력을 기울이지 않기 때문에 말 자체의 논리적인 힘에 대해 인식할 수 없다. 그 결과 생략과 압축을 능수능란하게 활용해 자신의 논리력을 확장시킨 사람을 만났을 때, 이를 깨닫지 못한 수용자는 생략된 논리의 비약을 '알아채지 못한 채' 그대로 설복 당하게 된다.

생략과 압축은 논리적인 도약 과정을 숨기는 은폐의 기능을 지닌다. 논리의 생략과 은폐가 낳는 효과가 무의식적이라는 점에서 그 힘은 가공할 만하다. 우리가 실용 논리를 배우고 내면화해야 할 가장 큰 이유도 바로 이 같은 무의식적인 설복 상황이 발생할 수 있는 가능성을 줄이기 위해서라고 할 수 있다.

03
논리나무의 구조와 활용

논리나무의 특징　실용 논리를 보다 잘 파악하고 쉽게 접근할 수 있는 방법 가운데 하나가 바로 시각적인 논리 도구인 '논리나무'(logic tree)를 활용하는 것이다. 그렇다면 논리나무라는 표현에는 어떤 의미가 담겨 있을까?

논리나무는 뿌리에서부터 줄기를 거쳐 꼭대기에 이르는 논리의 전체 구조를 정리해, 시각적으로 일목 요연하게 파악할 수 있는 도구이다. 논리나무 상에서 각각의 메시지 상자들은 논리적인 주장이 담긴 기본 메시지의 개별 단위가 된다. 메시지 상자의 수평적인 차원은 논리적 사고의 확장에 해당된다. 하나의 개념 밑에 위치할 수 있는 모든 메시지들을 아우르는 것이 바로 포괄적 확장에 해당되며, 각각의 상자마다 내용이 옆 상자와 중복되지 않고 서로 배타적으로 구성되어야 한다는 것이 바로 MECE의 원칙에 해당된다.

메시지 상자의 상하위 차원은 논리적인 이동, 곧 추론을 의미한다. 아래 상자는 근거 혹은 전제가 되고, 위의 상자는 결론 혹은 주장이 된다. 분류상으로는 아래 상자가 하위 개념 또는 범주가 되고 위의 상자는 하위 개념들을 아우르는 상위 개념 또는 범주가 된다.

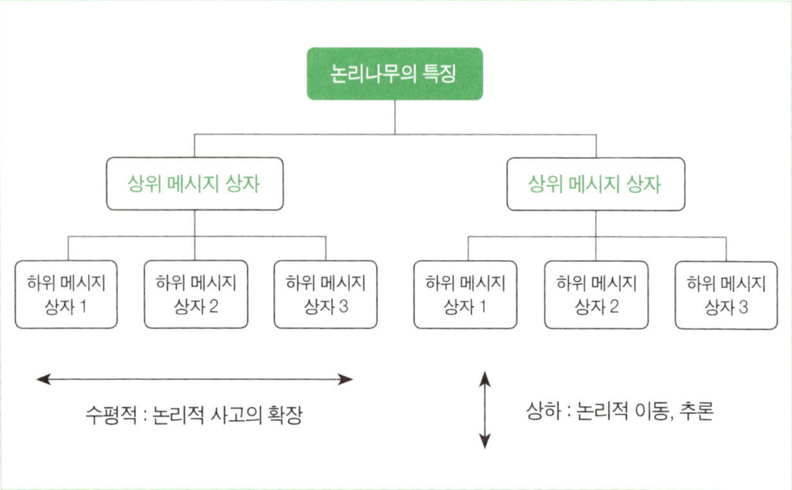

논리나무의 장점 논리를 개발하는 데 논리나무를 활용하면 어떤 좋은 점이 있을까. 특히 직장 업무에 논리나무를 활용했을 때의 장점은 무엇일까.

우선 논리적인 의사소통 능력을 발달시킬 수 있다. 논리나무를 통해 현안을 논증하는 전체 구조를 일목요연하게 전달할 수 있기 때문이다. 또한 총체적인 주장에 대해 더욱 빠른 이해와 평가, 피드백을 얻을 수 있다는 면에서 커뮤니케이션의 효율성을 증대시킬 수 있다. 논리나무는 논리적 구성 요소 전체에서 무엇이 중요한지, 각 요소간의 관계가 무엇인지 판단하기에도 용이하다.

업무와 관련된 과제를 해결하는 능력을 키우는 데에도 논리나무가 도움을 준다. 설득 과정에서 핵심적인 이유를 간단한 그림으로 설명하는 것이 보다 효율적일 수 있기 때문이다. 쟁점을 더욱 명료하고 효율적으로 발전시킴은 물론, 개인이나 조직이 이에 대한 입장을 정리할 수 있게 도와준다. 결국 설득하고자 하는 소구 대상에 대한 분명하고 강력하며 효율적인 주장을 기반으로 보다 합리적으로 의사 결정을 내리게 한다.

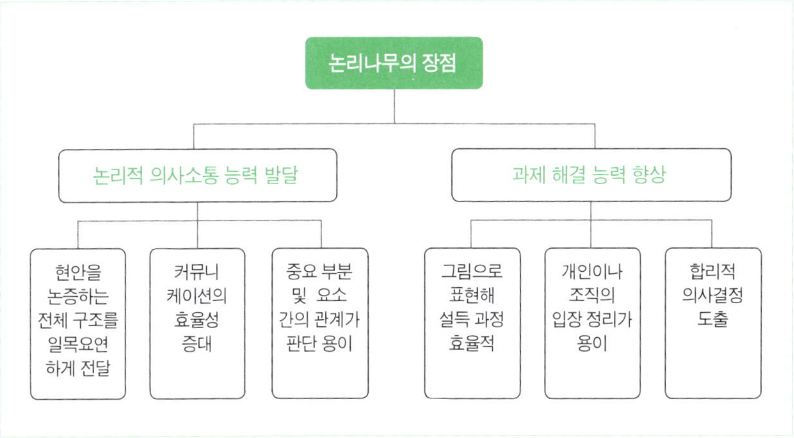

논리나무의 활용 논리나무를 활용해 논리 훈련을 시킬 수 있는 대표적인 분야는 크게 셋이다. 먼저 초, 중, 고, 대학 등 교육기관에서는 말하기나 글쓰기, 토론과 같은 영역에 논리나무를 활용할 수 있다. 특히 논리적인 글쓰기나 회의, 토의 등 논리적으로 말하기 영역에서의 활용 가능성은 무한히 크다고 할 수 있다. 두 번째로 행정기관 등 공공기관이 의사 결정이나 갈등에 기반을 둔 사례를 분석하는 데 유용한 도구가 될 수 있다. 마지막으로 본문에서 주로 다루고 있는 비즈니스 세계에서도 효율적인 의사 결정이나 보고 및 회의를 진행하는 도구로 활용될 여지가 크다.

일상에서 논리나무를 활용하면 어떤 점이 좋을까. 논리나무는 아이디어를 조직하고 이를 구조적으로 사고하며, 패턴을 파악해 효과적으로 계획을 구성하는 데 도움을 주는 시각적인 사고의 수단이 될 수 있다.(시각

일상에서의 논리나무 활용

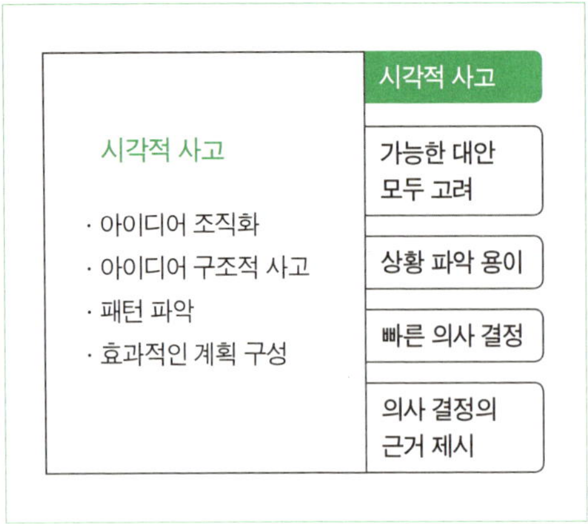

적 사고) 또한 하나의 논리나무에 우리의 의사 결정 사안에 대한 찬성과 반대 그리고 그 근거들을 모두 망라해서 제시할 수 있다.(가능한 모든 대안을 고려) 나아가 주어진 상황을 평가하고 다른 가능성을 점검하거나 가장 가능성이 높은 원인을 규명하는데 편리하기 때문에 우리를 둘러싼 환경을 더욱 쉽게 이해할 수 있다.(쟁점 파악 용이) 또한 자신의 판단이나 결정에 대한 논리를 개발하여, 다른 참석자의 지지를 이끌어내기 위한 근거들을 정리할 수 있도록 돕는다.(의사 결정의 근거 제시) 이처럼 하나의 논리나무를 토대로 모든 회의 참석자들이 쟁점의 구조를 분석하고 이견을 정리해나가면, 주어진 문제나 과제를 빠르게 해결할 수 있는 길이 열리게 된다.(빠른 의사 결정)

논리나무의 사례 실제로 논리나무와 같은 시각적 도구를 활용해 논리 분석을 시도한 대표적인 사례로서 바바라 민토의 '논리피라미드'가 있다.[『논리의 기술』(더난출판, 2004)] 민토는 우리가 인식하는 대상의 항목 수가 4~5개를 넘어서면 두뇌가 그것들을 어떤 논리적인 범주에 따라 분류하고 기억해야 이를 파악할 수 있다고 보았다. 피라미드를 통해 대상을 논리적으로 분류해 기억력을 강화해야 한다고 본 것이다. 민토는 전달하고자 하는 메시지를 피라미드형으로 구성하고, 어떤 계층에 있는 메시지이든 하위 그룹의 메시지를 요약하며, 그룹 내의 메시지는 항상 논리적 순서로 배열한다는 원칙에 입각해 논리 피라미드를 구성했다. 논리 피라미드에서 하위 카테고리는 연역적 순서, 시간적 순서, 구조적 순서, 비교적 순서 등으로 세분화해 구성될 수 있다.

바바라 민토의 논리피라미드

- 전달하고자 하는 메시지를 피라미드형으로 구성
- 어떤 계층에 있는 메시지이든 하위 그룹의 메시지를 요약
- 그룹 내의 메시지는 항상 논리적 순서로 배열
  연역적 순서/시간적 순서/구조적 순서/비교적 순서
- 논리피라미드를 활용해 비즈니스 논리를 설명

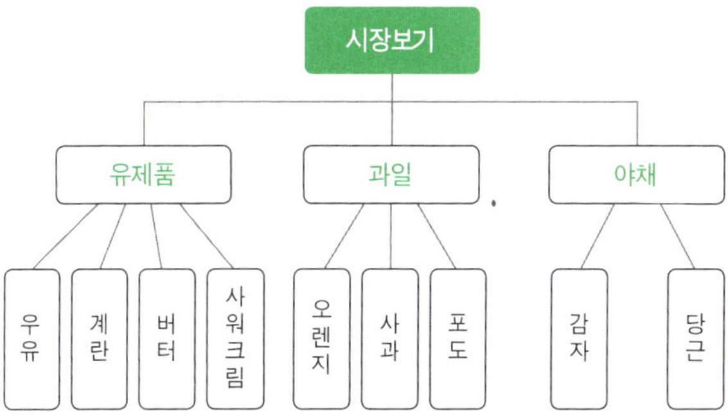

논리나무를 활용한 두 번째 사례로는 맥킨지식 논리 분석 틀을 들 수 있다.[『로지컬 씽킹』, 테루야 하나코 · 오카다 케이코(일빛, 2002)] 맥킨지식 논리 분석 틀의 핵심은 MECE와 논리나무이다. 먼저 MECE 사고를 하게 되면, 파악해야 할 문제가 누락되어 표적에서 벗어나진 않았는지, 중복에 의해 효율이 떨어지지 않는지, MECE로 파악한 후 마지막에 우선순위를 매기고 있는지 등의 사안을 일목요연하게 정리할 수 있다는 것이다. 논리나무를 활용하면, 파악해야 할 문제의 누락이나 중복을 방지하고, 원인이나 해결책을 모색하는 데 도움이 되며, 각 내용의 인과관계를 파악하는 데에

도 용이하다. 이처럼 논리나무와 이를 활용한 MECE의 사고 훈련이 조직의 정확한 문제 해결과 합리적인 의사 결정을 위해 불가결한 도구라는 것이 맥킨지식 사고의 핵심 메시지이다.

해결책을 구체화하는 논리나무

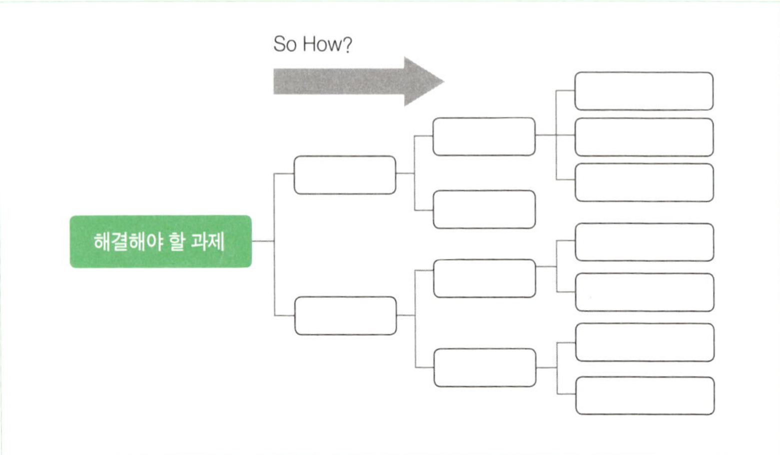

논리나무를 활용한 대표적인 소프트웨어로는 Rationale이 있다. Rationale은 세 가지 차원에서 논리나무를 활용하고 있다. 먼저 그룹핑(grouping) 모형은 위계구조 속에서 대상을 분류하는 데 활용되어 사고의 구조를 드러내는 모형으로서 앞서 소개한 세 가지 논리운동 가운데 분류와 확장에 해당된다. 다음으로 추론(reasoning) 모형은 그룹핑 모형과 위계적이라는 점에서는 유사하나 여기에서 나무 사이의 연결은 증거를 의미하며, 상자는 입장, 이유 혹은 반대(증거)를 의미한다. 논리운동 가운데서는 추론과 도약에 해당된다. 세 번째로 분석 모형은 연계된 전제를 분석하는 데 사용되는 모형으로, 이 모형은 그룹핑과 추론한 결과로 나온, 쟁점에 대한 최종 입장을 한눈에 파악할 수 있도록 정리한 것이다.(Rationale의 논리나무는 패키지 프로그램으로 활용할 수 있으며, www.austhink.com에서 찾

아볼 수 있다)

온라인상에서 논리나무를 활용해 논리 분석을 할 수 있는 툴로는 국내에서 필자가 개발한 '논리나무' 사이트가 있다.(logiccom.co.kr) 이 사이트는 온라인을 기반으로 개발된 우리말 논리나무 사이트로서 전체적인 운영의 구조는 패키지 프로그램인 Rationale과 유사하다. 이 같은 다양한 도구를 활용하면 논리적인 구조의 이해와 응용에 많은 도움을 받을 수 있을 것이다.

논리나무의 논리운동 이제 논리나무의 특성과 장점을 활용해 앞서 제시한 논리의 세 가지 움직임을 정리해보자. 먼저 어떠한 개념이나 집합 혹은 범주에 속하는 하위 개념들을 수평적인 차원에서 포괄적이면서도 배타적으로 정리하는 것이 '분류와 확장' 작업이다. 수평적인 차원에서는

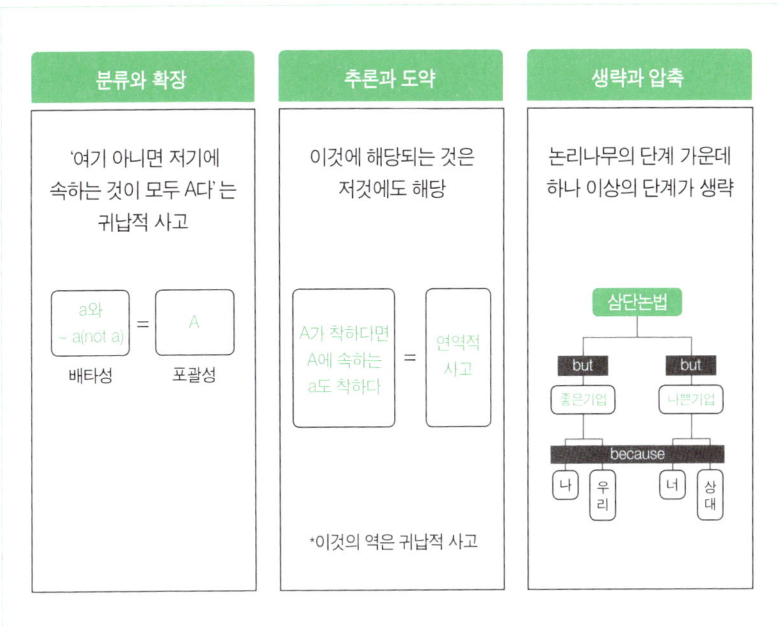

'여기 아니면 저기' = 'a와 ~ a(not a)' = A라는 배타성(a와 ~ a는 서로 배타적)과 각 하위 부분의 합은 '전체 = a + ~ a = A = 포괄성'을 특징으로 한다. 이는 귀납적 사고의 일종이다.

이렇게 정리한 상자들의 수직적인 이동을 모색하는 것은 추론과 도약에 해당된다. 이때 위의 상자는 아래 상자를 기반으로 한 논리적인 비약이 될 수도 있고, 아래 상자들을 아우르는 보다 포괄적이면서도 추상적인 개념이 될 수도 있다. 이는 이것에 해당되는 것은 저것에도 해당되는(A가 착하다면 A에 속하는 a도 착하다) 것으로 볼 수 있다는 점에서 연역적 사고의 일종이다.

마지막으로 수평과 수직 차원에 놓여 있는 상자들 가운데, 하나 이상의 생략된 부분을 찾아내는 것이 바로 실용 논리의 무의식적 압축 과정을 '의식'하고 각성할 수 있는 계기를 제공한다. 현실에서 진행되는 논리의 압축적이고 생략적인 과정을 논리나무로 재구성하면, 숨겨진 전제를 포착할 수 있고, 자연스러운 설득 논리에 내재된 부자연스러운 논리의 비약을 빠르고 쉽게 파악할 수 있게 된다.

〈논리개발 1〉

모 통신회사에서 흥미로운 광고물을 방영한 적이 있다. 바로 "'때문에' 때문이다"라는 시리즈 광고이다. 아래는 그 가운데 한 광고물의 메시지다.

> "왕궁에 화장실이 없었기 -때문에 ~ ♬
> 배설물이 마구 널려 있기 -때문에 ~ ♬
> 널려진 배설물을 밟기 싫었기 -때문에 ~ ♬
>
> 하이힐이 태어났다.
>
> 혁신은 뭐 때문에?
>
> '때문에' 때문이다."

논리의 세 가지 운동이 이 광고에서 어떻게 표현되고 있는지 생각해보자.

1) 분류와 확장

2) 추론과 도약

3) 생략과 압축

* 모범 답안은 부록(p.248) 참조

제2장

논리란 편 나누기다 - 분류와 확장

01
논리나무의 구조와 수평축의 의미

: : 논리나무의 유형

첫 번째 기초 논리: 분류와 확장 논리의 여러 가지 특징 가운데 가장 큰 특징은 우리의 사고를 무한대로 확장할 수 있는 힘에 있다. 앞서 이야기한 바처럼 논리적인 능력이 없다면 브라질에 비가 내린다는 소식에 단순히 강수량을 떠올리거나 홍수 피해 등만을 떠올릴 것이다. 그러나 논리적인 사고를 통해 우리는 브라질의 비에서 스타벅스 주식을 유추해내는 사고의 확장을 이뤄낼 수 있었다.

이런 점에서 논리는 우리에게 창의적인 사고 능력을 선사한다. 전혀 연관성이 없어 보이는 두 개의 사물 사이에 내재된 관계의 본질을 꿰뚫어볼 수 있는 통찰력을 생성해주는 것이다. 아울러 우리는 무한대로 확장된 사고 내에 포착된 대상들을 일정 체계와 원칙에 입각해 구분하는 능력 또한 키워나간다. 이를테면 브라질에 비가 내릴 경우 사야 할 주식과 브라질에 가뭄이 들었을 때 사야 할 주식을 구분하는 것이다. 가뭄이 들어 나무들이 고사하면, 목재 수급에 차질을 빚어 종이 생산이 어려워져 종이 가격이 폭등하니, 결국 제지 관련 회사의 주식을 사면된다는 식의 판단을 하게 되는 것이다. 이처럼 논리적인 구분 능력을 우리는 분류라고 한다. 분류를 성공적으로 위해서는 명백하고도 분명한 기준이 설정되어야 한다.

구조의 논리나무와 주장의 논리나무 실용 논리를 쉽고 빠르게 이해하는 수단의 하나로 논리나무를 활용하는 것이 좋다. 논리나무에는 크게 두 가지 유형이 있는데, 이른바 구조의 논리나무와 주장의 논리나무이다.

구조의 논리나무는 전체와 부분의 관계로 이루어져 있다. 논리나무의 꼭대기에 해당되는 부분은 우리가 찾고 있는 가장 상위의 개념, 포괄적인 개념, 전체의 개념이다. 다음 나뭇가지에는 전체의 중간 부분들이 자리 잡고 있다. 그리고 논리나무 맨 밑의 뿌리에는 가장 하위 부분들이 자리 잡게 된다.

구조의 논리나무

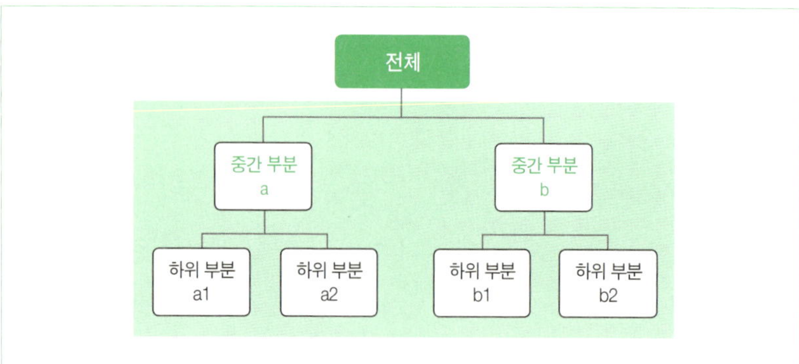

그러면 주장의 논리나무는 구조의 논리나무와 어떻게 다를까? 주장의 논리나무는 주장과 근거의 관계로 이루어져 있다. 논리나무의 꼭대기에는 우리가 제시하고 싶은 가장 최종적인 주장이, 다음 나뭇가지에는 주장을 지지하는 근거들, 그리고 논리나무 맨 밑의 뿌리 부분에는 가장 하위 근거들이 자리 잡고 있다.

주장의 논리나무

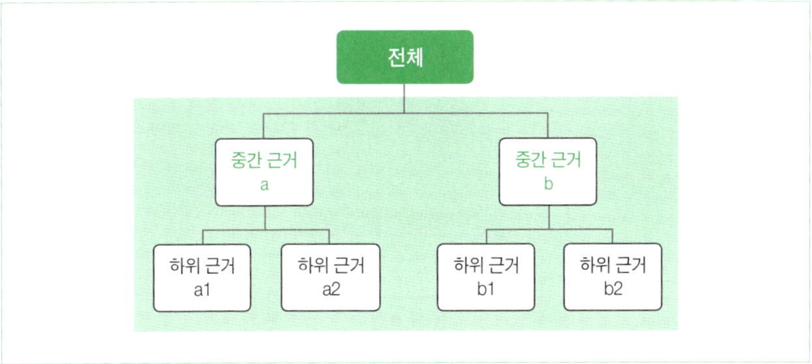

논리나무 적용하기 구조의 논리나무는 보통 조직도나 산업구조를 그릴 때 자주 사용된다. 전체 L사의 구조를 나누어보면 크게 A와 B 두 개의 중간 부서로 구성되어 있고, 각 부서 아래로 a, b, c, d 팀들이 위치하고 있다.

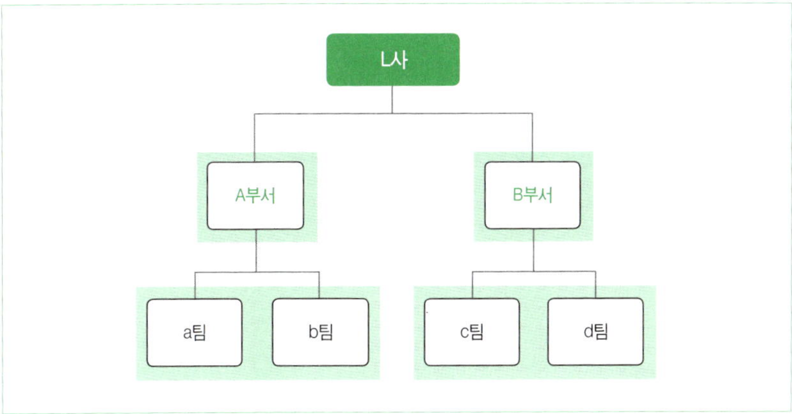

주장의 논리나무는 앞서 등장했던 '브라질에 비가 내리면 스타벅스 주식을 사라'라는 말에서 적용할 수 있다. 논리나무의 꼭대기에는 '스타벅스 주식을 사라'는 최종 주장이 위치하고, 아래 단계로 내려가면서 주장(결정)의 근거가 되는 것들을 제시하게 된다. 즉 브라질에 비가 내리고 가뭄이 해소되면 그 결과 커피 수확량이 증가할 것이며, 원두 가격이 하락하고 스타벅스의 이윤이 향상되면 그 결과 스타벅스의 주가가 상승할 것이다. 이렇게 최종 주장을 논리적으로 유추해낼 수 있는 것이다.

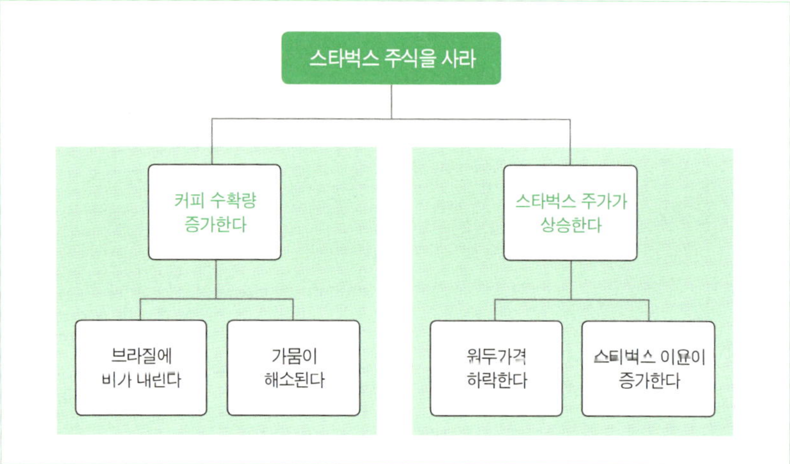

이처럼 논리나무의 수직축은 전체와 부분(구조의 논리나무) 혹은 주장과 근거(주장의 논리나무)와 같은 연관 관계를 전제로 움직인다. 우리가 어떤 주장이나 전제의 근거를 깊게 파 들어가면 갈수록 논리나무는 더 높아지는 경향을 보인다. 논리력을 키우기 위해서는 논리나무의 단계가 더 깊어지도록 노력을 기울여야 한다.

논리나무 수평축의 의미 논리나무의 수평축은 동일 단계 내에서 다수의 구성 요소들이 상호 배타적이고 포괄적으로 묶여 상위 단계와 연결되어 있다. 논리나무의 수평이 확장될수록 논리의 뿌리는 더욱더 폭넓게 뻗어 나가기 때문에 우리의 논리개발 능력은 더욱 건강하고 튼튼하게 자라날 수 있다. 우리가 일상적으로 부딪히는 쟁점들은 분석하기 위해 논리나무들을 그려 나간다면, 이를 나무가 점점 무성해져서 어느 순간 우리 앞에 논리의 '숲'을 이루어 다가서게 될 것이다.

02
사고의 확장과 브레인라이팅

: : 아리스토텔레스의 자유연상법

앞에서 우리는 논리나무의 수평축을 넓혀 사고폭을 확장시키면 논리의 뿌리가 더욱 튼튼하게 자라난다고 했다. 그렇다면 사고의 폭을 확장시키면서 새로운 아이디어를 자유롭게 구사할 수 있는 방법으로는 무엇이 있을까?

아이디어 창출 방법에는 여러 가지가 있는데 그 가운데 먼저 아리스토텔레스의 사고의 확장을 위한 연상 법칙을 살펴보자. 이 연상 법칙은 세 가지로 구분된다. 반대 연상은 하얀색이라는 말에 검은색을 떠올리는 것처럼, 어떤 대상의 반대되는 개념을 떠올리는 것이다. 접근 연상은 가까이 있는 대상을 연상하는 것으로, 산이 있으면 가까이 흐르는 강을 연상하는 것이다. 유사 연상은 공을 보면 비슷하게 둥근 지구를 떠올리는 식으로, 비슷한 대상을 연상하는 것이다.

논리의 폭을 넓히는 자유 연상법 - 아리스토텔레스의 연상법

반대 연상

· 어떤 대상의 반대되는 개념 → 하얀색이라는 말에 검은색을 떠올림

접근 연상

· 가까이 있는 대상 연상 → 산이 있으면 가까이 흐르는 강이 연상

유사 연상

· 비슷한 대상 연상 → 공을 보고 비슷하게 둥근 지구 떠올림

: : 격렬한 아이디어 발산, 브레인스토밍

아리스토텔레스가 정리한 연상 법칙을 활용한 다양한 기법들은 실제 논리 사고의 폭을 넓히는 데 도움을 준다. 그중 가장 널리 알려진 기법이 바로 브레인스토밍(brain storming)이다. 브레인스토밍은 모두 함께 시끄럽게 떠들면서 머리를 정신없이 회전시켜 아이디어를 낸다는 뜻으로, 비교적 빠르고 구조화된 방식으로 아이디어를 생산하는 활동이라고 할 수 있다. 브레인스토밍의 특징은 다음과 같다.

장점

· 쟁점이나 문제를 처리할 수 있는 아이디어와 가능한 해결책을 생산
· 쟁점이나 문제를 처리할 때 발생하는 모든 가능성을 망라
· 쟁점이나 문제를 처리할 때 발생하는 창의력을 북돋움
· 아이디어의 흐름이 생성될 때 '모든 것이 다 가능하다'는 심리 상태 조성

브레인스토밍에는 다음과 같은 원칙이 있다.

원칙

- 어떠한 아이디어든 다 환영한다. 좋고 나쁨을 판단할 필요가 없다
- 다듬어지지 않고 예외적인 아이디어를 다 수용한다
- 양적으로 판단하라. 가능한 많은 아이디어를 적는다
- 너무 심각하지 않아도 된다. 웃지 않으면 뭔가 잘못된 것이다

: : 침묵의 발상법 브레인라이팅 - 6 · 3 · 3 법칙

사고의 확장과 논리 훈련을 위한 두 번째 기법으로 브레인라이팅(brain writing)이 있다. 비교적 널리 알려진 브레인스토밍에 비해, 브레인라이팅은 생소한 기법이다. 브레인라이팅에 대해 좀 더 상세하게 알아보자. 브레인스토밍이 여럿이서 시끄럽게 떠들면서 발상하는 방법이라면, 브레인라이팅은 혼자 조용하게 발상하는 침묵의 발상법이다.

6 · 3 · 3법칙

참가자는 원칙적으로 6명으로 제한한다	한 라운드에 각자 3개의 아이디어를 써낸다	한 라운드를 끝내는 시간은 3분으로 제한한다

브레인라이팅의 기본적인 운영 원칙은 6-3-3법칙이다.[『브레인라이팅』, 다카하시 마코토(이아소, 2010)] 즉 팀의 구성원은 원칙적으로 6명으로 제한하고(6), 한 라운드에 각자 3개의 아이디어를 써내며(3), 한 라운드를 끝내는 시간은 3분으로 제한하는 것(3)을 말한다.

브레인라이팅 운영 방법 브레인라이팅은 다음과 같이 운영된다. 먼저 회의 참가자가 각자 시트를 한 장씩 받아서 조용히 3분간 A, B, C 세 개의 아이디어를 쓴다. 3분이 끝나면 1라운드는 종료된다. 참가자 전원이 각자의 시트를 왼쪽 사람에게 넘기고 오른쪽 사람이 넘겨준 시트를 받으면 2라운드가 시작된다. 이렇게 전원이 시트를 돌려 6라운드까지 발상을 전개하면 아이디어 회의는 종료된다.

결과적으로 18분 만에 모두 108개의 아이디어라는 획기적인 결과를 얻을 수 있다. 짧은 시간 동안 참석한 사람 모두가 의무적으로 많은 아이디어를 떠올리고 얻어내는 방법이 브레인라이팅이다.

브레인라이팅 시트

주제 : ______

방안 / 참가자	A	B	C
1			
2			
3			
4			
5			
6			

브레인라이팅의 장점 브레인라이팅은 회의에서 발언하는 것이 익숙하지 않은 문화권이나 조직에서 아이디어 확장을 위해 활용할 수 있는 대표적인 기법이라고 할 수 있다. 특히 서양에 비해 동양 문화권에 잘 맞는 기법이자, 권위적인 문화가 지배적인 조직에서도 쉽게 활용할 수 있는 방법이라고 할 수 있다.

브레인라이팅의 장점

- 전원이 평등하게 참여할 수 있다
- 지위나 입장이 달라도 눈치 보지 않고 발표할 수 있다
- 처음 만나는 사람들과도 얼마든지 가능하다
- 다른 사람의 발언으로 사고가 방해 받는 것을 막아준다
- 정확한 기록을 남길 수 있다
- 한자리에 모이지 않고 인터넷으로도 가능하다
- 몇 천 명이 있어도 가능하다
- 혼자서도 할 수 있다

* 출처: 『브레인라이팅』, 다카하시 마코토(이아소, 2010)

혼자서 브레인라이팅 하기 혼자서 진행하는 브레인라이팅은 어떻게 전개될까. 우선 브레인라이팅 시트와 타이머를 준비한다. 1라운드에 3개의 아이디어를 기입하기 때문에 아이디어 1개당 1분씩, 1 라운드의 기본 시간을 3분으로 한다. 이를 위해 타이머를 3분으로 맞춘다.

시트 상부에 주제를 기입한다. 제 1라운드는 생각이 떠오르는 대로 시트 첫째 줄에 아이디어를 적는다. 이때 되도록 구체적으로 적는 것이 좋다. 3분이 경과해 타이머가 울리면 기입 도중이라도 재빨리 멈추고 제 2 라운드로 들어간다. 2라운드에서는 우선 첫 줄의 아이디어를 천천히 읽는다. 이 아이디어를 더욱 구체적으로 할 수 있는 발상이 무엇인지 앞에서 배운 아리스토텔레스 연상법 등을 활용해 생각을 떠올려본다. 물론 제시한 아이디어와 전혀 관계없는 아이디어도 적을 수 있다. 이렇게 해서

빈칸을 채워나간다. 위와 같은 방식으로 제3라운드 이후 6라운드까지를 진행한다.

브레인라이팅을 진행하다 보면 후반으로 갈수록 아이디어를 내기가 어렵다. 주제나 자신의 상황을 고려해 시간이나 라운드 회수 등은 적절하게 탄력적으로 변경할 수 있다. 혼자 브레인라이팅 하는 것이 익숙해지면, 굳이 시간 제한 없이 자유롭게 라운드를 진행할 수도 있다. 이제 브레인라이팅을 어떻게 하는지 직접 경험해보자.

혼자 하는 브레인라이팅

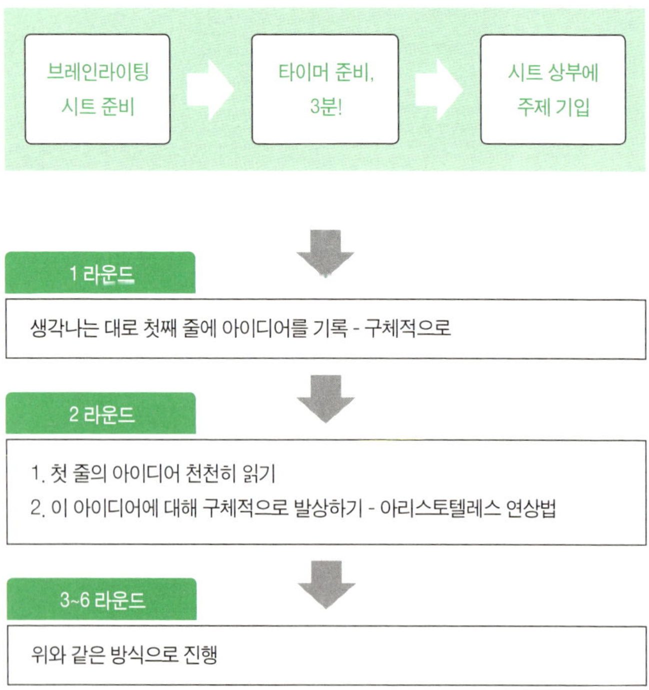

혼자 브레인라이팅하는 것이 익숙해지면, 시간 제한 없이 자유롭게 라운드를 진행한다.

〈논리개발 2〉

요즘 이농 현상으로 시골의 빈집들이 많이 늘고 있다. 이번 브레인라이팅 실습은 시골에 늘어나는 빈집을 활용하는 방법에 대한 아이디어를 내보는 것이다. 이를 통해 '시골 빈집'에 내포된 함축적인 개념을 수평축에서 무한대로 확장해보는 연습을 하게 된다. 이 실습을 진행하는 데에는 총 15분이 소요된다.

주제 : 시골 빈집 활용법
라운드 : 4 라운드
시간 : 1라운드당 3분씩 총 15분 소요

주제 : 시골 빈집 활용법

방안 / 참가자	A	B	C
1			
2			
3			
4			

* 모범 답안은 부록(p.249) 참조

03
분류의 원칙-MECE

: : MECE란 무엇인가

MECE의 개념 논리나무 수평축의 두 번째 특징인 분류에 대해 자세히 알아보도록 하자. 우선 MECE의 개념과 의미에 대해 간단히 짚고 넘어가자. 1장에서 설명한 바와 같이 MECE(Mutually Exclusive and Collectively Exhaustive), 곧 ME란 서로 중복되는 항목이 없도록 하는 것이고, CE란 항목들의 합이 요소의 전체가 되도록 하는 것이다. 옆 그림에서 A, B, C, D 각각의 사각형은 서로 중복되지 않는다. 교집합이 없으므로, ME라고 할

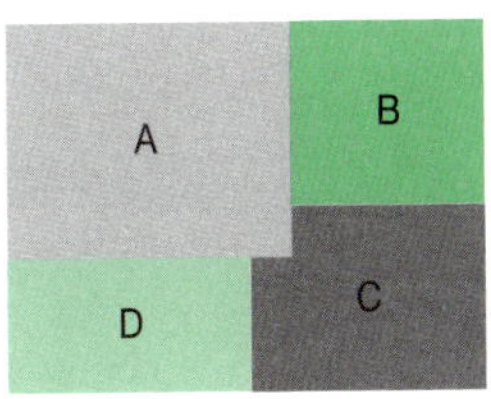

· A≠B≠C≠D ⇒ 배타성
· A+B+C+D= 전체 ⇒ 포괄성
· 그러므로 위 그림은 MECE가 됨

수 있다. 또한 A, B, C, D의 합은 전체 큰 사각형을 나타내고 있다. 각각의 요소가 모여 전체 집합이 되고 있으므로 이는 CE라고 할 수 있다.

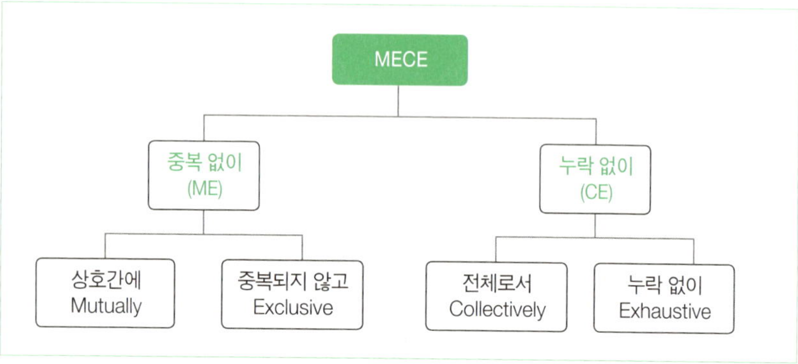

MECE는 전체 집합을 누락도 중복도 없는 부분 집합으로 나누어 생각하는 극히 단순한 집합 개념이지만, 논리의 기본 사고 가운데 하나를 차지하는 대단히 중요한 사고방식이다. MECE는 어떤 대상의 포괄적이고 배타적인 논리 구조를 파악하는 데 유용하며, 업무상 문제 해결이나 분석 등을 진행할 때 많이 활용될 수 있다.

하지만 항상 새로운 틀을 만들어 MECE를 적용하는 것은 사실 어려운 일로 느껴진다. 이를 해소하기 위해 대표적인 예를 들여다보자.

비즈니스에서 자주 쓰는 MECE의 종류 실생활에서도 자주 사용되는 MECE의 대표적인 틀 몇 가지를 살펴보자. 첫 번째는 마케팅의 4P 개념이다. 4P는 시장 전략 수립 시 과제와 해결안의 발견에 사용되는 MECE 틀

마케팅의 4P			
제품(Product)	판매촉진(Promotion)	가격(Price)	유통(Place)

로, 특히 경쟁사와의 비교를 통해 시사점을 얻을 수 있다는 장점이 있다.

두 번째는 사업 분석의 3C이다. 이 틀은 기업이나 사업부 레벨에서 자사가 어떠한 사업 환경에 처해 있는지, 또는 어떤 사업 전략을 취할 것인가를 분석하는 데에 유용한 MECE 틀이다.

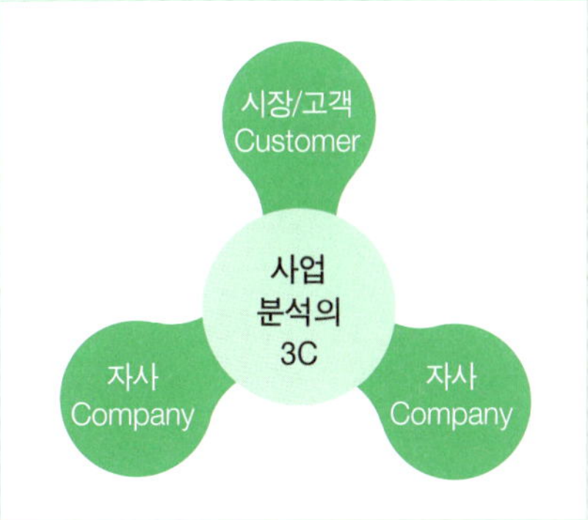

세 번째는 비즈니스 시스템으로 가치 창출 시스템이라고도 한다. 자사의 상품 또는 서비스가 고객에게 전달될 때까지의 주요 기능을 일관성을 가지고 하나로 연결시킨 것이라고 할 수 있다. 업종에 따라 차이가 있을 수 있으나, 대개는 '상품 개발→생산→마케팅→판매→물류→서비스'의 구조를 보인다. 비즈니스 시스템은 전략에 바탕을 둔 요소들을 재구축하거나 강화해, 경쟁사와의 차별화를 위한 시책을 입안하는 데 주로 사용된다.

: : 논리나무와 MECE 분류 과정

성공적인 논리 분류와 확장를 위해 논리나무를 활용하는 방법에 단계적으로 접근해보자. 논리나무를 활용해 분류를 하는 단계는 크게 네 단계이다. 먼저 어떤 대상의 전체 집합이 무엇인지 파악하기 위해 브레인라이팅이나 브레인스토밍을 한다. 다음으로 이렇게 도출된 대상의 전체 집합을 어떻게 구분할지에 대한 기준을 정한다. 세 번째로 위 기준에 입각해 각 항목들을 나눈다. 마지막으로 이렇게 나눈 결과를 논리나무로 시각화한다. 이때 활용되는 것이 바로 구조의 논리나무이다.

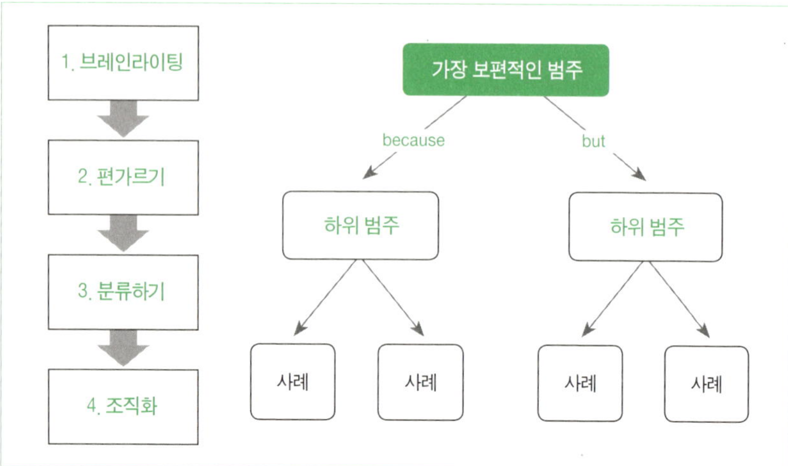

분류의 네 단계 구조의 논리나무를 활용해 MECE를 할 수 있는 사례로서 '슈퍼마켓에서 살 수 있는 것은 무엇인가'라는 질문에 답을 구해보자. 먼저 첫 번째로 슈퍼마켓에서 살 수 있는 항목들을 망라해서 나열해본다. 이 작업을 원활하게 수행하기 위해 브레인스토밍 기법을 활용한다. 앞에서 배운 아리스토텔레스의 연상법 등을 통해 자유롭고 창의적으로 연상해서 슈퍼마켓에서 구할 수 있는 아이템들을 나열한다.

이어서, 브레인스토밍을 통해 나열된 모든 항목을 보다 체계적으로 구분하기 위한 기준점을 잡는 작업이 따라야 한다. 이번 사례에서는 음료, 신선 식품, 간식이라는 세 가지 기준점으로 항목을 나누는 것이 가장 적절하다는 판단을 내렸다.

두 번째 단계에서는 설정한 기준점으로 구분해 나타난 집단의 특징을 한 차원 더 세분하는 작업을 거치게 된다. 이번 분류의 기준 역시 두 번째 단계에서 기준을 잡는 것과 유사한 방식의 논리로 설정하게 된다. 음료의 경우 유제품과 청량음료로 구분했고, 신선 식품의 경우는 과일과 야채로 분류하고, 간식의 경우는 빵과 스낵으로 구분했다.

마지막 단계에서는 앞서 세 번의 단계를 거치면서 분류한 전체 목록을 하나의 논리나무로 시각화한다. '슈퍼마켓에서 살 수 있는 것은 무엇인가'라는 질문에 대한 답을 논리나무를 통해 제시할 수 있게 된 것이다. 이와 같은 훈련을 통해 기초 논리의 하나인 분류와 확장를 체계적으로 익히고 이를 현실에 적용하는 힘을 키울 수 있다.

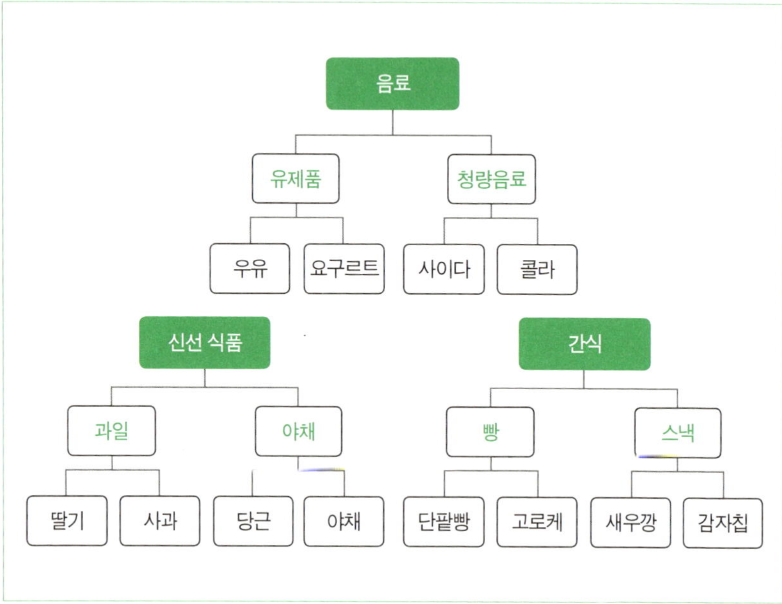

: : MECE를 성공적으로 실행하는 방법

분류의 특징 이제 논리적 사고의 분류와 확장를 위해 MECE를 잘할 수 있는 방법에 대해 좀 더 들여다보자. MECE를 성공적으로 실행하기 위해서는 다음의 네 가지 특징에 유의해야 한다.

첫째, 분류 기준이 의미가 있어야 한다.

둘째, 분류 대상이 구체적이어야 한다.

셋째, 크게 묶은 그룹을 한 번 더 MECE로 분류할 수 없는가 생각한다. 이를 위해 4P, 3S와 같이 잘 알려진 분류 틀이나 아리스토텔레스의 연상법 등을 활용한다.

넷째, 누락된 것, 복수 그룹에 속한 것은 없는지 최종 확인한다. 필요하다면 '기타'라는 범주를 사용해 CE를 충족시킨다.

의미 있는 분류 의미 있는 분류라는 것은 무엇일까. 이는 어떠한 기준을 두고 분류를 진행하는 것이 적절한지 고민이 충분히 이루어진 상태에서 분류하는 목적에 맞게 기준이 정해져야 한다는 의미이다. 의류 판매업을 하는 기업에서 의류 분류를 위해 통상적으로 적용하는 기준인 계절은 너무 일반적인 분류가 될 수 있다. 이것이 의미 있는 분류가 되기 위해서는 기준을 온라인과 오프라인으로 나누고, 오프라인 아래에는 할인점과 백화점을 위치시키고, 온라인 아래에는 홈쇼핑과 인터넷쇼핑몰을 위치시켜, 판매점별 의류를 일목요연하게 파악할 수 있도록 하는 것이 좋다.

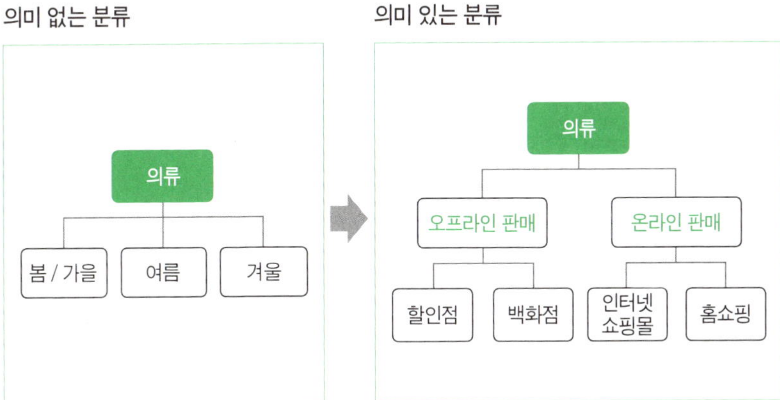

다음으로 구체적인 분류에 대해 알아보자. 구체적인 분류는 분류하고자 하는 대상의 특징을 잘 살려야 한다는 의미이다. 예를 들어 '술 마시는 친구'에 대한 분류 역시 막연하게 술 잘 마시는 친구와 술 못 마시는 친구로 구분할 것이 아니라, 소주 1병 이상과 그 이하로 분류하면 잘 마신다는 기준이 무엇인지 보다 명확해진다.

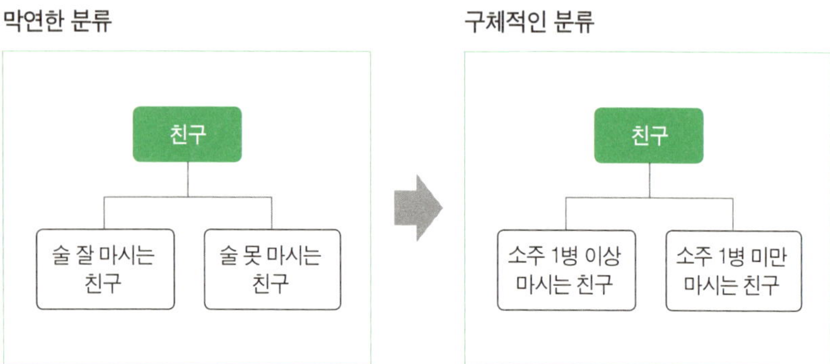

MECE를 성공적으로 실행하는 방법 중 하나는 잘 알려진 분류 틀을 활용하는 것이다. 마케팅의 4P, 사업 분석의 3C 등의 MECE 틀을 잘 활용하면 의미 있고 구체적인 분류를 하는 데 많은 도움을 받을 수 있다. 아리스토텔레스의 연상법에서 배웠던 반대 개념을 활용하는 '반대 연상'법(이항 대립 기법이라고도 한다) 등을 활용할 수도 있다. 그 예로 다음과 같은 분류가 가능하다.

내부/외부

가치/비용

하드웨어/소프트웨어

장점/단점

변동/고정

Macro/Micro

증가/감소

질/양

자발적/강제적

정신/물질

Input/Output

마지막으로 MECE의 원칙 가운데 하나인 포괄성의 기준을 채우기 위해서 '기타'라는 범주를 사용한다. '기타' 범주를 사용하게 되면, 혹시 분류하면서 누락된 항목이 원천적으로 배제되는 경우를 예방할 수 있다

: : MECE 연습

MECE를 좀 더 분명하게 이해하기 위해 다음의 경우를 살펴보자. 첫 번째, 인류를 전체 집합으로 놓고, 하위 요소를 백인종과 흑인종으로 구분했다. 이 경우 분류상에는 어떤 문제가 있을까? 인류는 백인종과 흑인종 외에도 황인종이 있다. 따라서 서로 중복되는 것은 없지만, 빠진 항목이 있으므로 ME이지만 CE는 아니다.

ME이나 CE가 아닌 경우

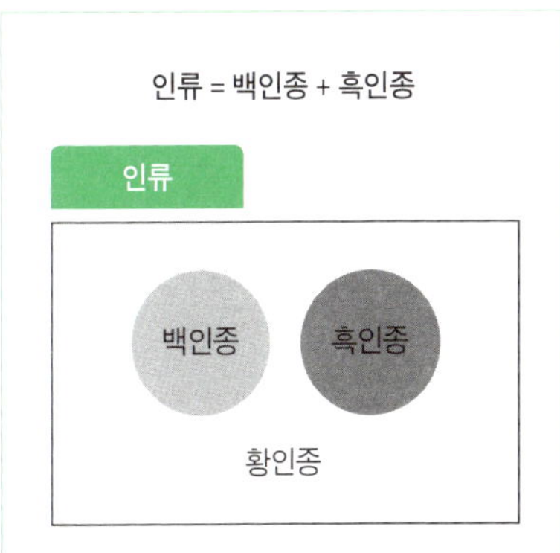

두 번째, 음료를 전체 집합으로 놓고, 하위 요소를 유제품과 탄산음료로 구분했다. 이 경우의 문제는 무엇일까? 음료 시장에는 유제품과 탄산음료를 섞은 제품류가 나와 있

CE이나 ME가 아닌 경우

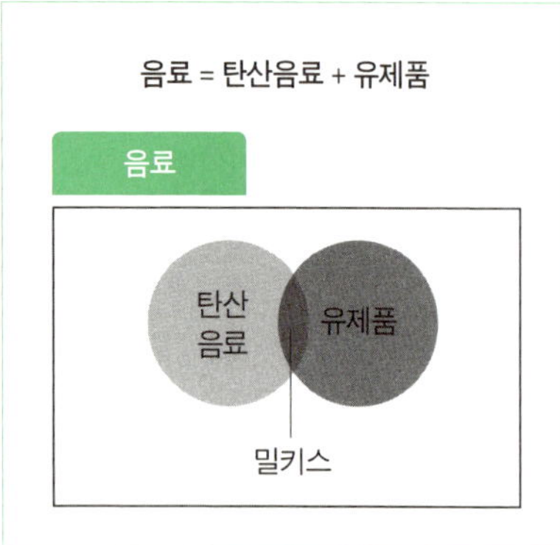

ME도 CE도 아닌 경우

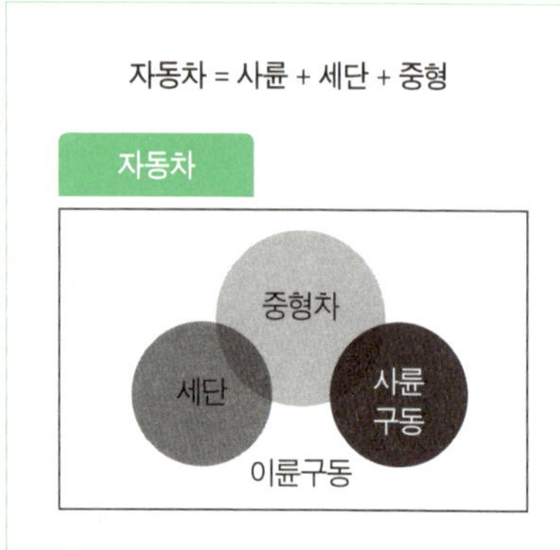

다. 따라서 서로 중복되는 항목이 있으므로 CE이지만 ME가 아니다.

이번엔 자동차를 전체 집합으로 놓고 하위 요소를 사륜구동, 세단, 중형으로 구분했다. 이 경우의 문제는 무엇일까? 이 경우는 특별한 기준 없이 차종이 나뉘었다. 구동으로 나눈다면 사륜구동, 이륜구동으로, 자동차의 형태에 따라 나눈다면 세단, 스포츠카, SUV 등으로 나눌 수 있을 것이다. 배기량으로 구분한다면 소형차, 중형차, 대형차 등으로 나뉠 것이다. 결국 이 구분에는 빠진 항목이 존재하므로 CE도 아니고, 항목 중 중복되는 것도 있으므로 ME도 아니다.

MECE 테스트 다음의 예시를 보고 1분 동안 MECE 여부를 판단해보자.

자, 1번이 MECE일까? 이 경우 ME는 아니지만 CE라고 할 수 있다. 여행을 국내여행, 해외여행으로 나눈다면 이는 MECE일 것이다. 그러나 여기

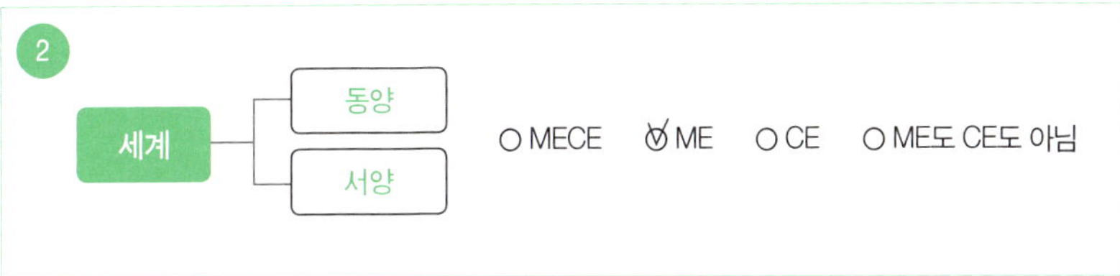

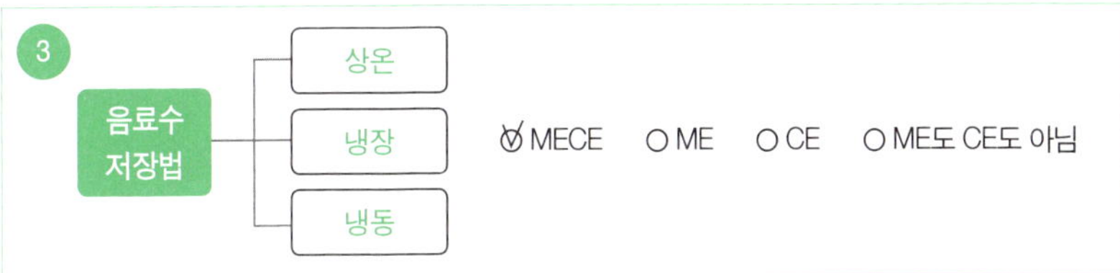

에 배낭여행도 하나의 항목으로 구분되어 있어 부분의 합이 전체가 되기는 하지만 중복되는 항목이 있으므로 ME는 아니지만 CE인 것이다.

그렇다면 2번이 MECE일까? 이 경우 ME는 맞지만 CE는 아니다. 동양과 서양은 서로 배타적인 범주로 볼 수 있다. 그러나 동서양만이 세계를 포괄하는 지역이라고 보기에는 아프리카나 남미 등의 지역이 체계적으로 배제될 수밖에 없다. 따라서 항목 간 중복은 없지만 빠진 항목이 있으므로 ME이지만 CE는 아니다.

그럼 3번이 MECE일까? 이 경우가 바로 MECE이다. 음료수 저장법은 상온, 냉장, 냉동으로 구분할 수 있으며, 그 이외의 항목은 없다. 따라서 ME이며 CE이다.

4번은 어떨까? 이 경우는 ME도 CE도 아니다. 결혼 여부에 대한 구분 기준이 기혼과 미혼이라면 상호 배타적이고 포괄적이지만, 기혼과 신혼으로 구분하는 경우 미혼이 빠져 있어 포괄적이지 않고, 신혼과 기혼은 이미 결혼했다는 점에서 상호 배타적이지 않다고 볼 수 있다. 따라서 ME도 CE도 아니다.

〈논리개발 3〉

이제 지금까지 배운 내용을 토대로 실습에 들어가보도록 하자. 실습 과제는 브레인라이팅을 활용해 우리 회사나 조직에서 고객 상담이 잘 안되는 이유를 구조의 논리나무로 만들어보는 것이다. 진행 방법은 다음과 같다.

1. 브레인라이팅을 사용해 여러 가지의 다양한 아이디어를 기입한다.
2. 내용이 유사한 것끼리 모은다.
3. 그룹핑되어 있는 것을 대표할 수 있는 타이틀을 부여한다.
4. 전체 분류의 구조를 논리나무를 활용해 시각화한다.

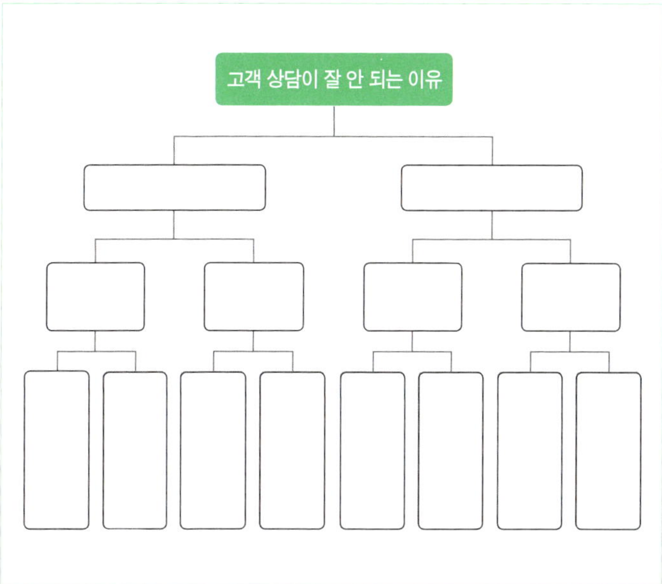

* 모범 답안은 부록(p.250~251) 참조

제3장

논리란 운동이다 - 추론과 도약

01
논증이란 무엇인가?

: : 논증 = 주장 + 근거

논증이란 무엇일까? 이에 대한 답을 얻기 위해서는 먼저 주장과 근거에 대해 살펴볼 필요가 있는데, 이는 추론으로 설명할 수 있다. 그렇다면 우리가 메시지를 접할 때 '논리적이구나'라고 판단할 수 있는 기준은 무엇일까?

어떠한 말을 논리적인 말과 비논리적인 말로 구분하는 절대적인 기준은 '근거를 기반으로 한 주장'인가 아닌가 여부이다. 합리적인 결론 또는 논리적인 주장에는 이를 뒷받침하는 객관적인 전제 혹은 근거를 필요로 한다. 이때 전제나 근거는 이미 우리에게 익숙한 사건이나 자료에서 출발한다. 그런데 우리가 논리적인 주장을 펼치고자 하는 대상은 아직 우리에게 알려지지 않은 미지의 분야이다. 그렇기 때문에 우리의 주장은 아직 '알려져 있지는 않지만, 논리적인 귀결이기에 받아들임 직하다'라는 모양

새를 갖춰야 하는 것이다. 이 같은 전제나 근거를 기반으로 한 결론 혹은 주장으로의 이동을 우리는 '논리적인 추론'이라고 한다. 추론은 일종의 논리 도약이다. 왜냐하면 전제에서 결론 혹은 근거에서 주장으로의 이동 자체가 100%의 확실성을 담보하기 어려운, 일종의 논리적인 모험이기 때문이다.

제1장에 제시된 예를 다시 들어보자. 누군가 '브라질에 비가 내리면 스타벅스 주식을 사라'고 주장한다. 이 주장은 전혀 관련성이 없어 보이는 두 개의 현상 사이에 '인과'적인 관계가 있는 것처럼 표현하고 있다. 그러므로 이런 주장이나 결론을 접했을 때 누구나 '왜'라는 질문을 던진다. 이때 '브라질에 비가 내리면 가뭄이 해소될 것이고, 그러면 당연히 커피 수확량이 증가할 것이며, 이로 인해 원두 가격이 하락하면, 스타벅스의 이윤이 향상될 것이고, 그 결과 스타벅스의 주가가 상승할 것이기 때문'이라는 근거를 제시함으로서 비로소 논리적인 주장, 즉 논증이 성립되는 것이다.

: : 논증의 구조

물론 위의 전체 근거를 세부적으로 들여다보면 더욱 작은 주장과 그 근거의 연계 구조로 이루어져 있음을 알 수 있다. 원두 가격 하락이 스타벅스 이윤을 향상시킨다든가 커피 수확량의 증가가 원두 가격의 하락을 초래할 개연성은 높지만, 그 인과관계가 100% 확실성을 가지지 못한다는 측면에서 이러한 근거에 입각한 주장들은 모두 모험이자 논리적 도약이다. 즉 '브라질에 비가 내린다'는 전제나 근거는 우리가 잘 알고 있는 사실이지만 이 전제나 근거를 기반으로 '스타벅스 주식을 사라'라는 주장을 펼치기에는 확실성 여부가 불안정한 미지의 대상이자 사안이라는 것이다.

따라서 논리는 확실한 전제 혹은 근거를 기반으로 해 불확실한 결론 혹은 주장으로 이동하는 것을 말한다. 이 이동 자체가 일종의 비약이자 도약이기 때문에 '지적인 모험'이라고 표현하기도 한다.

주장

· 브라질에 비가 내리면 커피 수확량이 증가한다
· 커피 수확량이 증가하면 스타벅스 이윤이 향상될 것이다
· 원두 가격이 하락하면 스타벅스 주가가 상승할 것이다

근거

· 가뭄이 해소되기 때문이다
· 원두 가격이 하락하기 때문이다
· 스타벅스 이윤이 향상되기 때문이다

➡ 인과관계가 100%의 확실성을 갖지 못하는 한 이러한 근거에 입각한 주장들은 모두 다 일종의 모험이고 논리적인 도약이 됨

논증 | 확실한 전제·근거를 기반으로 하여 불확실한 결론·주장으로 이동하는 것

: : 논증의 사례

전제가 되는 근거를 기반으로 결론이나 주장을 도출하는 경우에는 어떠한 예가 있을까? '입지 조건이 좋기 때문에 사업에 성공한다', '시장 상황이 어렵기 때문에 새 상품 도입을 서둘러야 한다', '올해의 매출 부진은 마케팅 전략상의 문제 때문이다', '박지성이 있기 때문에 한일전에 승리한

다' 등의 논증들은 이미 알고 있는 사실이나 사건을 기반으로 미지의 대상에 대한 주장을 펼치는 형태로 되어 있다.

생산성이 있는 논증을 위해서는 이 같은 비약이나 도약이 불가피한 것이다. 비약이나 도약이 없는 주장은 오히려 진부할 수 있기 때문이다. 예를 들어 '그는 결혼하지 않았다, 따라서 그는 독신이다', '비가 오고 있다. 따라서 날씨가 흐리다' 등의 비약 없는 논증은 사실 말하나 마나 하다. 물론 지나친 비약은 문제가 될 수 있지만, 비약을 할수록 근거에는 없는 새로운 지평이 열리는 것이다.

02
합리적인 논증이란?

:: 합리성의 요건

그렇다면 지나친 비약과 적절한 도약을 구분하는 기준은 무엇일까? 우리는 적절한 도약을 일컬어 '합리적인(reasonable) 주장'이라고 한다. 하나의 주장이 합리적인 주장이 되기 위해서는 결론을 지지하는 근거의 제시만으로는 충분하지 않다. 다음의 세 가지 자격 요건을 갖춰야 한다. 첫째, 이 근거 자체가 결론을 지지하기에 충분할 만큼 훌륭한 것인지 검증을 거쳐야 한다.(지지) 둘째, 사용된 언어나 개념이 분명하고 일관되어야 한다.(언어적 일관성) 셋째, 근거와 결론으로의 연결이 타당한 구조를 지녀야 한다.(타당성)

지지　먼저 '지지'는 주장이 적절한 근거에 의해 뒷받침되고 있는지를 점검하는 것을 말한다. 대개 근거는 경험적 사실에 기반을 두고 있다. 따라서 제시된 근거가 정확한 것인지 여부를 판단할 수 있도록 검증이 가능하고, 시의적이며, 주장과 연관성(relevance)이 있고, 적절해야(adequacy) 한다.

지지 | 주장이 적절한 근거에 의해 뒷받침되고 있는지 점검하는 것

→ 근거는 경험적 사실에 기반을 두고 있음

- 검증 가능
- 시의성
- 주장과의 연관성(relevance)
- 적절성(adequacy)

그럼 '입지 조건이 좋기 때문에 사업에 성공할 것'이라는 논증을 수용하기 위해서는 어떻게 해야 할까. 우선 앞서 살펴본 지지의 기준에 따라 입지

'입지 조건이 좋기 때문에 사업에 성공할 것'이라는 논증

→ 입지 조건이 좋다는 사실이 확인될 수 있어야 함(검증 가능)

→ 시대를 막론하고 받아들여 질 수 있어야 함(시의성)

→ 입지 조건이 사업 성공과 연관이 있다는 사실이 확인되어야 함(연관성)

→ 입지 조건만으로 사업 성공을 판단하는 것 자체가 적절하다는 것이 납득되어야 함(적절성)

조건이 좋다는 사실을 확인할 수 있어야 하고, 입지 조건이 사업 성공과 연관이 있다는 사실이 확인되어야 하며, 입지 조건만으로 사업 성공을 판단하는 것 자체가 적절하다는 것이 납득이 되어야 한다. 또한 이 논증 자체는 동서고금을 막론하고 시의적으로도 받아들임 직한 논증이어야 한다.

언어적 일관성 언어적 일관성이란 무엇일까? 말 그대로 주장을 함에 있어 일관된 태도를 유지하는 것을 말하는 것일까? 비슷하지만, 좀 더 명확히 정리하자면 주장을 펼쳐나가는 데 분명하고 변하지 않는 정의를 유지하는 것을 의미한다. 다시 말해 논증에서 주요 개념들이 분명하고도 일관되게 사용되었는지에 대한 여부를 판단하는 것이다. 특히 정의를 장악한 자가 논증을 장악한다고 할 만큼 논증에서 정의만큼 중요한 것은 없으므로, 우리는 늘 주장 내에서 정의가 제대로 이루어졌는지를 점검해야 한다.

언어적 일관성	주장을 펼쳐나가는 데 분명하고 변화하지 않는 정의를 유지하는 것

↓

- 논증에서 분명하고 일관된 주요 개념의 사용 여부를 판단
- 주장 내 정의가 제대로 이루어졌는지 점검
- 논증에서 가장 중요한 것은 정의의 장악

'시장 상황이 어렵기 때문에 새 상품 도입을 서둘러야 한다'는 주장을 살펴보자. 그런데 그 전에 먼저 '시장 상황'이 무엇을 의미하는지 정확하게 정의해야 한다. 정의하는 사람에 따라 의미가 달라질 수 있기 때문이

다. 시장이 단순한 소비자 시장만을 의미하는지 아니면 유통이나 도매시장을 포함한 포괄적 의미의 시장인지, 나아가 경제 상황 전반을 표현한 것인지 분명하게 정의 내려야 한다. '어렵다'는 말 역시, 정의 내리는 사람의 기준에 따라 유동적인 표현이다. '어렵다'가 매출액을 기준으로 하는 표현인지, 수익성에 따른 판단인지, 아니면 경기 전반에 대한 표현인지 불분명하기 때문이다.

정의 자체가 들쑥날쑥하게 되면 주장하는 바 역시 일관성이 떨어져 상대를 논리적으로 납득시키기 어렵다. 주장하려는 개념에 정확한 의미를 내리는 것이 일관성을 유지하는 방법이다.

'시장 상황이 어렵기 때문에 새 상품도입을 서둘러야 한다' 는 주장

'시장 상황'

소비자시장인지, 유통이나 도매시장인지, 경제 상황 전반인지 불분명

'어렵다'

매출액을 기준으로 매출 하락을 의미하는지, 매출에서 발생하는 순수익이 떨어진다는 수익성에 따른 판단인지, 아니면 경기 전반에 대한 표현인지 불분명

→ 주장하고자 하는 개념의 정확한 의미를 내리는 것이 일관성을 유지하는 방법

타당성 형식 논리학에서는 타당성 있는 논증인지에 대한 판단을 형식적 관점에서 검토한다. 논리적인지 여부를 판단하는 근거가 되는 형식의 기본 단위는 삼단논법이다. 삼단논법은 세 개의 진술문으로 구성되어

대전제와 소전제로부터 결론을 도출하는 방법을 말한다.

형식 논리 중 우선 연역법은 '성장기 기업은 인수할 가치가 있다 / A사는 성장기 기업이다 / 따라서 A사는 인수할 가치가 있다'와 같은 사례가 대표적이다. 또 다른 논리법인 귀납법은 '미국 기업이 중국 진출에 박차를 가하고 있다 / 일본 기업이 중국 진출에 박차를 가하고 있다 / 그렇기에 전 세계 기업이 중국 진출에 박차를 가하고 있다'와 같은 방식으로 진행된다.

연역법에서 타당성 검증하기 앞에서 언급했던 연역법 사례의 전제는 '성장기 기업은 인수할 가치가 있고, A사는 성장기 기업'이라는 것이었다. 따라서 결론은 'A사가 인수할 가치가 있다'는 것이다. 여기서 전제 1과 2

가 옳다면 결론 역시 반드시 옳다. 주장하고자 하는 대상이 근거가 되는 집합 내에 '포함'되어 있다는 사실이 전제 2(A사는 성장기 기업이다)를 통해 확인되기 때문이다. 연역법은 보편적인 원칙에서 출발하기 때문에 개별 사례에서 예외가 인정되지 않는다.

전제 1 : 성장기 기업은 인수할 가치가 있다

전제 2 : A사는 성장기 기업이다

결론 : 따라서 A사는 인수할 가치가 있다

· 전제 1과 2가 옳다면 결론 역시 반드시 옳음
· 주장하고자 하는 대상(A사)이 근거가 되는 집합(성장기 기업) 내에 '포함' 되어 있다는 사실이 전제 2(A사는 성장기 기업이다)를 통해 확인되기 때문
· 연역법은 보편적인 원칙에서 출발하기 때문에 개별 사례에서 예외가 인정되지 않음

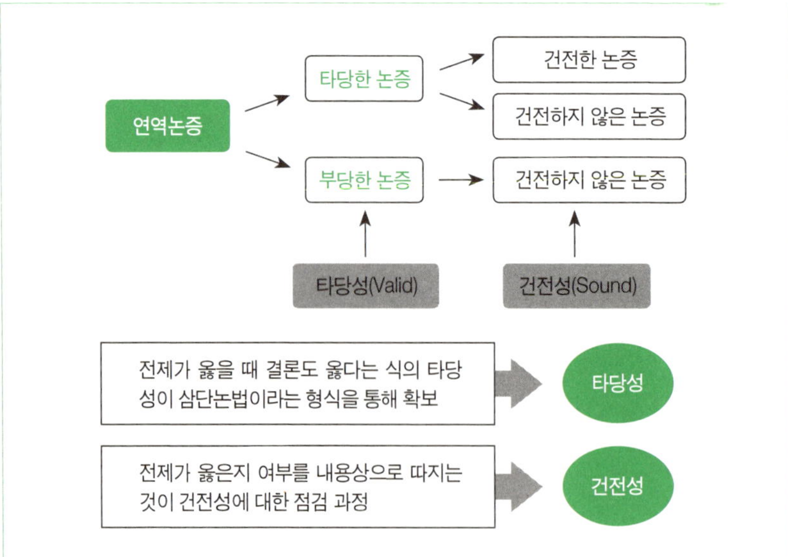

연역법에서 전제가 옳을 때 결론도 옳다는 식의 타당성은 결국 삼단논법이라는 형식을 통해 확보되는 셈이다. 이것이 바로 타당성 개념이다. 반면 전제가 옳은지 여부를 내용적으로 따지는 것은 건전성에 대한 점검 과정이다. 결국 연역법은 타당성과 건전성이라는 두 축에 의해 추론이 이루어진다.

귀납법으로 타당성 검증하기 앞에서 예로 든 사례로 귀납법에 대해 살펴보자. 귀납법은 전제가 되는 근거를 제시하고, 그 근거에 포함되지 않은 결론을 도출해내는 추론 방식이다. 그러므로 전제에 없는 새로운 사실을 제안하거나 주장하는 데 적합하다.

미국과 일본의 기업이 중국 진출에 박차를 가하고 있다고 해서 전 세계 기업이 중국 진출에 박차를 가한다는 주장을 도출하는 것은 일종의 비약이고, 전제에 없는 새로운 주장인 셈이다. 연역법이 확립된 이론(대전제)을 사례를 통해 반복 확인하는 과정이라면, 귀납법은 다소의 모험이 내재되지만 새로운 인식의 세계를 열어 나가는 데 있어 가장 적절한 방법인 셈이다. 특히 어떤 문제에 대해 근거를 수집하는 인식의 초기 단계에서 우리는 대개 귀납적으로 추론할 수밖에 없다. 언제까지 판단을 내리지 않고 중국에 진출하는 세계 여러 나라의 기업에 관한 자료만을 수집할 수는 없는 노릇이기 때문이다. 따라서 이 같은 부담 때문에 귀납법에서 도출된 결론은 맞을 가능성도 있지만, 틀릴 개연성도 있다.

이 점에서 귀납법은 어느 정도의 비약을 반드시 내포하고 있다. 귀납 논증에서 보편적인 결론을 추론할 수 있을 만큼의 자료나 근거가 확보된 경우 옳은 주장을 지지하는 사례가 충분하지 않은 경우에는 강한 논증이 되지만, 근거에서 결론으로 향하는 추론의 힘이 약할 경우, 혹은 주장을

미국 기업이 중국 진출에 박차를 가하고 있다

일본 기업이 중국 진출에 박차를 가하고 있다

⋮

전 세계 기업이 중국 진출에 박차를 가하고 있다

- 전제가 되는 근거를 제시하고, 그 근거에 포함되지 않은 어떤 결론을 내는 추론
- 귀납법은 전제에 없는 새로운 사실을 제안하거나 주장하는 데 적합
- 어떤 문제에 대해 근거를 수집하는 초기 단계에서는 대개 귀납적으로 추론

지지하는 사례가 충분하지 않은 경우에는 약한 논증이 된다. 앞의 예에 따르면 중국에 진출한 세계 기업의 사례들을 얼마나 많이 모아두었느냐에 따라 논증의 힘이 결정되는 것이다. 나아가 내용상으로도 전제가 모두 참인 논증은 설득력이 있지만, 전제가 참이 아니거나 모호한 논증은 설득력이 떨어진다. 결과적으로 귀납법은 강도와 설득력이라는 두 축에 의해 나아가는 추론이다.

귀납법의 타당성

- 도출된 결론은 맞을 가능성도 있지만 틀릴 개연성도 있음
- 보편적인 결론을 추론할 수 있을 만큼의 근거가 확보된 경우에는 강한 논증, 근거에서 결론으로의 추론의 힘이 약할 경우에는 약한 논증이 됨
  → 내용상으로 전제가 모두 참인 강한 논증은 설득력이 있는 논증이지만, 전제가 참이 아니거나 약한 논증은 모두 설득력이 없는 논증이 됨
- 강도(Strength)와 설득력(Cogency)이라는 두 축에 의해 추동되는 추론

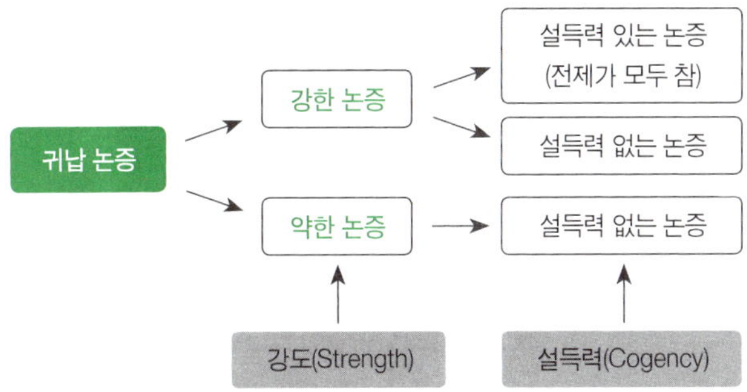
귀납 논증
강한 논증
약한 논증
설득력 있는 논증
(전제가 모두 참)
설득력 없는 논증
설득력 없는 논증
강도(Strength)
설득력(Cogency)

03
추론의 유형

: : 논리나무의 추론

이제 논리나무를 이용해 추론과 도약에 대해 좀 더 상세하게 다루어보자. 이번에 다루는 기초 논리인 추론과 도약은 논리나무의 수직 축에서 이루어지는 움직임이다. 이런 유형의 논리나무는 주장의 논리나무가 된다. 곧 논리나무의 꼭대기가 주장하는 바의 전제나 결론이 되는 것이다.

또한 수직 차원에서 한 단계 아래 가지에는 꼭대기의 전제 혹은 결론의 근거나 데이터가 위치한다. 그 다음 단계 가지에도 역시 위의 근거나 데이터를 지지하는 또 다른 근거나 데이터가 위치하게 된다. 이때 논리나무의 수직축은 주장을 정점으로 상향으로는 '따라서', 하향으로는 '왜냐하면'이라는 의미를 지닌 채 운동을 하게 된다. 이것이 바로 주장의 논리나무가 가지고 있는 기본 특성이다. 논리나무는 우리가 어떤 주장이나 전제의 근거에 대해 더욱 깊게 들어갈수록 더욱 높게 자란다. 따라서 논리력을 키우기 위해서는 논리나무의 단계를 더 깊게 파고 내려가는 노력에 집중해야 한다.

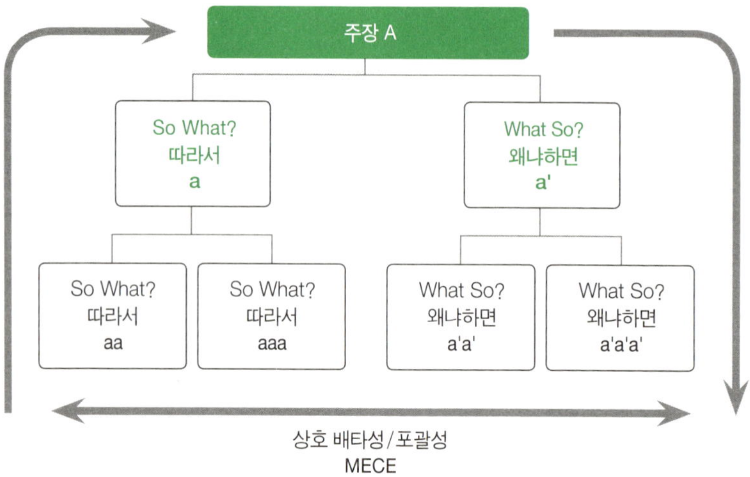

- 전제 혹은 결론이 주장이 됨
- 수직적 차원: 하위 계층의 메시지를 포괄/요약
- 수직축은 주장을 정점으로 상향으로는 '따라서', 하향으로는 '왜냐하면'의 관계로 도약함

: : 결론 지시어와 전제 지시어

논리나무 내에서 상향 혹은 하향으로 논리를 이동할 때, 이를 해석할 수 있는 표현이 바로 결론 지시어와 전제 지시어이다. 논리나무의 위로 추론이 이동하는 경우에는 결론 지시어를 활용하면 된다. 여기에는 앞서 말한 '따라서' 외에도 '그러므로', '이런 까닭에', '그러니까', '그래서', '당연히'와 같은 지시어가 있다.

또한 논리나무의 아래로 추론이 이동하는 경우는 전제 지시어를 활용

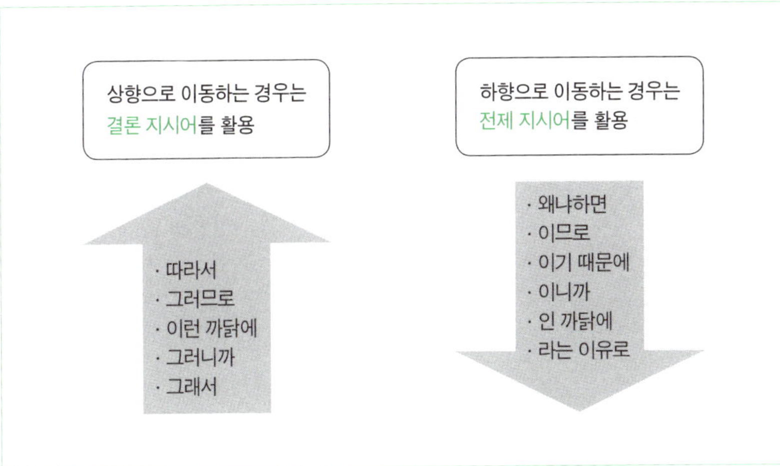

하면 된다. 여기에는 '왜냐하면', '~이기 때문에' 외에도 '이므로', '이니까', '인 까닭에', '~라는 이유로', '결과적으로'와 같은 지시어가 있다.

하향운동은 주장의 근거 즉 '뿌리'를 파헤치는 과정이고 상향운동은 각 근거들의 결과물인 결론/주장이 논리나무의 꼭대기에 걸려 있는 과실/열매로 매달려 있는 것을 연상하면 된다.

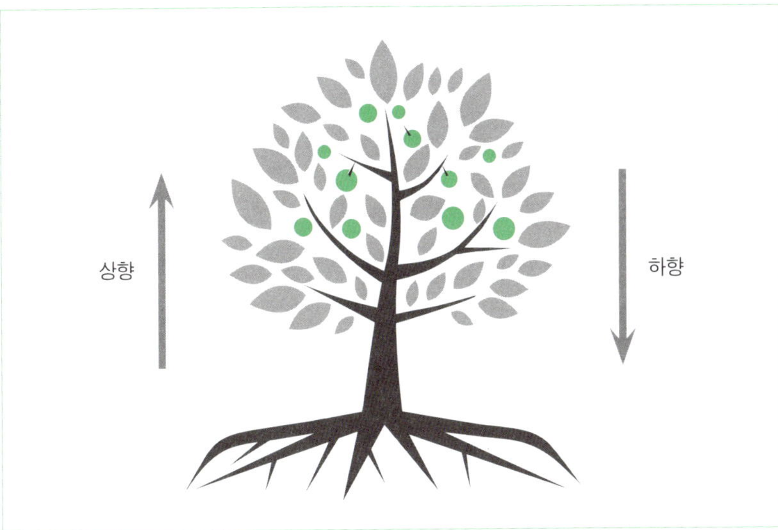

: : 논리나무로 추론하기

논리나무 상하의 추론 이동을 이해하기 위해 다음의 논리나무를 살펴보자. 이 논리나무의 주장은 'A사의 프랜차이즈권을 매입해야 한다'이다. 이 주장 혹은 결론은 하향적으로 다음과 같은 세 가지 근거에 의해 지지를 받고 있다. 즉 업계 평균보다 높이 성장할 수 있기 때문이고, 재무적으로 건전해질 수 있기 때문이고, 사업 합병이 용이해질 수 있기 때문이다. 반면 상향 운동으로 해당 논리를 이끌어내면 다음과 같다. 업계 평균보다 높이 성장할 수 있으므로, 재무적으로 건전해질 수 있으므로, 사업 합병이 용이해질 수 있으므로, 'A사의 프랜차이즈권을 매입해야 한다'라는 주장이 도출될 수 있는 것이다.

그렇다면 위보다 더 낮은 단계로, 곧 더욱 하향적으로도 제시가 가능할까? '업계 평균보다 높이 성장할 수 있다'는 주장은 A사의 높은 시장점유율과 경쟁이 완화된 소매시장 때문에 논리적으로 가능하다고 본 것이다. 역으로 A사의 높은 시장점유율과 경쟁이 완화된 소매시장으로 인한 결과가 '업계 평균보다 높이 성장할 수 있다'는 결론으로도 도출될 수 있다. '재

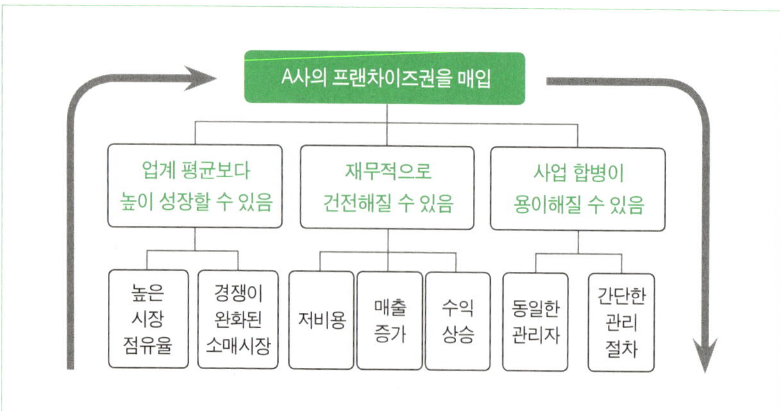

무적으로 건전해질 수 있다'는 주장 역시 저비용 + 매출 증가 + 수익 상승의 세 가지 근거를 기반으로 삼고 있으며, '사업 합병이 용이해질 수 있다'는 주장 또한 동일한 관리자 + 간단한 관리 절차로 인해 가능한 주장이다. 이처럼 논리나무의 상하 운동에서 상승으로는 '따라서'라는 결론적인 주장을, 하강으로는 '왜냐하면' 이라고 근거를 제시하는 방식으로 움직인다.

: : 일상 논리에서의 추론

형식 논리학과 달리 일상 논리는 비형식적이다. 이 말은 주장하는 바의 타당성이 연역법처럼 형식만으로 확보되지 않는다는 것을 의미한다. "모든 사람은 애꾸다 / 나는 사람이다 / 따라서 나는 애꾸다"라는 논증의 경우 삼단논법의 요건을 갖추었기 때문에 형식적으로는 타당하다. 그러나 내용적으로 이 주장은 전제가 거짓이기 때문에 건전한 논증이 아니다. 이처럼 일상 논리에서는 논증의 형식뿐만 아니라, 내용의 건전성을 따져봐야 한다.

연역법과 같이 결론이 전제 속에 포함되어 있지 않은 주장 모두가 위의 경우에 해당된다. 이러한 주장을 우리는 실체적 주장이라고 한다. 그럼 실체적 주장에는 어떠한 유형들이 있을까?

1. 전제는 과거와 연관되고 주장은 미래에 대해 말하는 미래 예측성 주장
2. 현재의 자료를 전제로 삼아 과거와 연관된 주장을 제기하는 역사적 추론
3. 특정한 관찰이나 실험에 기반을 두고 보편적인 자연법에

관한 결론을 내려야 하는 귀납적 주장

4. 외양이나 색과 같은 속성에 대한 미학적 판단이 바로 그것이다.

우리가 앞에서 살펴본 다음 표의 논증은 모두 실체적인 주장이라고 할 수 있다.

근거	주장
· 입지 조건이 좋기 때문에 →	· 사업에 성공할거야 → 미래 예측성 주장
· 시장 상황이 어렵기 때문에 →	· 새 상품 도입을 서둘러야 한다 → 미래 예측성 주장
· 올해의 매출 부진은 →	· 마케팅 전략상의 문제 때문이다 → 역사적(과거) 추론
· 박지성이 있기 때문에 →	· 한일전도 승리할거야 → 귀납적 주장

:: 실체적 추론의 세 가지 유형

일상에서 우리가 하고 있는 논리적인 추론을 몇 가지로 나눌 수 있을까?

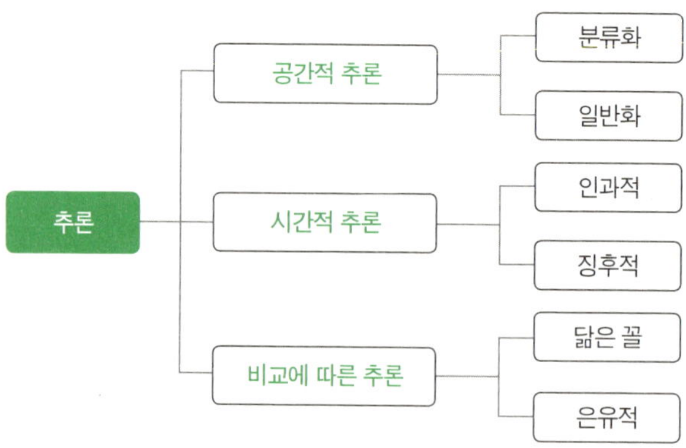

학자에 따라에 다양한 분류 기준이 제시되고 있다. 이 책에서는 크게 공간, 시간 및 비교에 따른 추론 세 가지로 구분하고자 한다. 공간적 추론에는 분류화, 일반화가 있고, 시간적 추론에는 인과적, 징후적 추론이 있으며, 비교에 따른 추론에는 닮은꼴, 은유적 추론이 있다.

공간적 추론 먼저 공간적 개념에 입각한 추론에는 연역적 추론이나 귀납적 추론이 해당된다. 여기에서 소개되는 연역적 추론은 연역적 방법에 기반을 두고 있는 실제적 추론으로서 형식 논리상의 연역법과는 구분된다. 연역적 추론이란 공간적 집합 개념에 입각하여 우리가 연역적으로 사고하는 경우를 말한다. 이는 귀납이나 연역이 공간적 기하학에 기반을 둔 사고이기 때문이다. 모집단에서 개별 사례로 논리적 이동을 하는 경우, 즉 '모든 사람(A)는 죽는다(B)'에서 '그(C)도 사람(A)이기 때문에 죽는다(B)'로 이동하는 것은 연역적 추론으로 분류화에 해당된다. 반면 사례들을 모아서 일반화한 집단으로 이동하는 것은 귀납법이다. '그(C)도 사람(A)인데 죽었고(B), 그녀(D)도 사람(A)이기 때문에 죽었다(B)'면, 결론

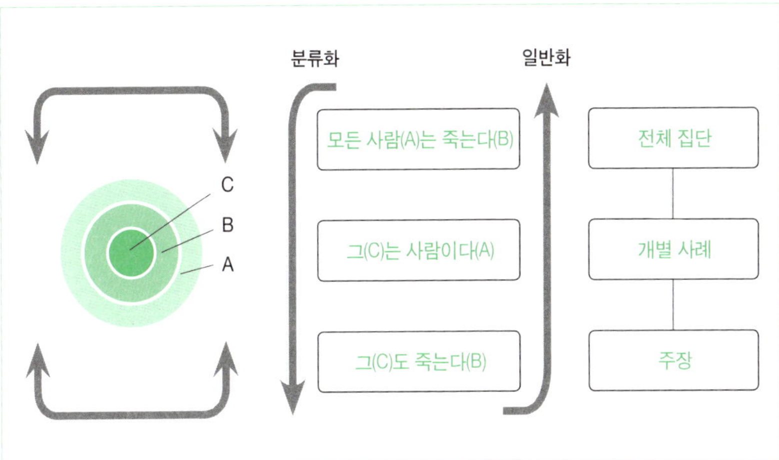

적으로 '모든 사람(A)은 죽는다(B)'로 이동하는 것이 귀납적인 일반화 추론이 되는 것이다.

공간적 추론: 분류화 분류화 추론은 하나의 집단에 해당되는 내용은 이 집단에 속한 다른 개별 구성원에게도 동일하게 적용된다고 추론하는 경우이다. 예를 들어 "그 친구, 하버드 출신이래"라고 말했다고 하자. 이 말은 다음의 삼단논법으로 재구성될 수 있다.

대전제: 하버드 출신은 월등하다.(A=B)
소전제: 그 친구 하버드 출신이다.(C=A)
결　론: 그 친구는 월등하다.(C=B)

결국 "그 친구, 하버드 출신이래"라는 말은 소전제, 즉 데이터만 제시되고 대전제와 결론은 생략된 삼단논법인 것을 알 수 있다. 이처럼 분류화

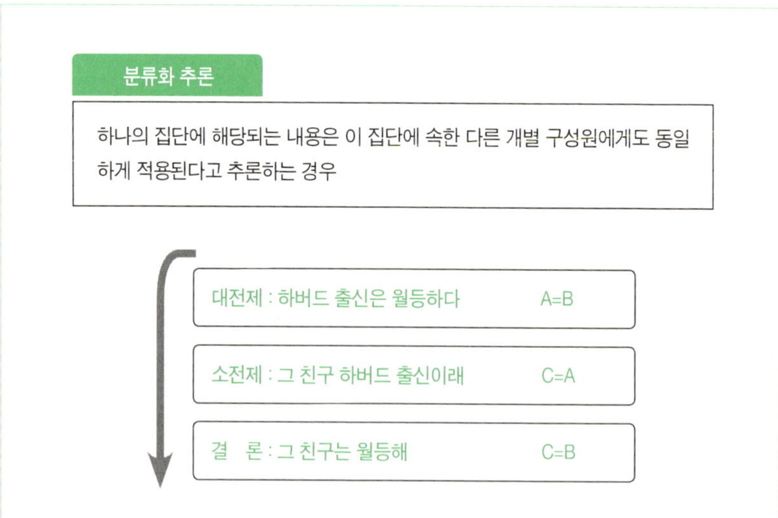

추론은 연역적 사고의 일종이다. 하나의 집합/집단에 해당되는 내용은 이 집합/집단에 속한 다른 개별 구성원에게도 동일하게 적용된다는 것이 이 같은 사고 과정의 기본 추론 과정이기 때문이다. 또한 오래 생각하지 않아도 어떤 대상이 속한 집단에 대한 편견에 근거해 평가/판단할 수 있다는 점에서 이는 단순판단법(Heuristic)에 속한다. 예를 들면 우리는 일상적으로 "그 친구 ○○ 대학 출신이래", "그 친구 ○○ 지역 사람이잖아"라고 말하면서 소속 준거집단에 근거하여 판단하는 경우가 바로 이에 해당한다. 한마디로 그 집단에 속한 개별 사례는 '예외 없이' 그 집단의 특성을 지니고 있다는 것이다.

공간적 추론: 일반화

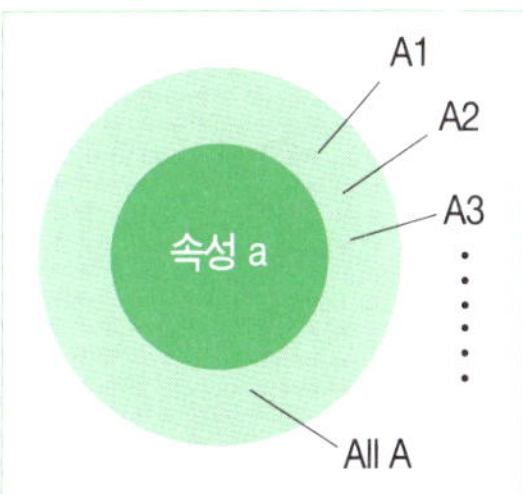

공간적 추론의 두 번째 유형인 일반화 추론은, 어떤 사례를 봤더니 어떤 속성을 지녔는데, 또 다른 사례도 동일한 속성을 지닌 것으로 판단될 때, 이들 사례를 아우르는 집단이 있다면, 이 집단은 모두 이 같은 속성을 지녔을 것이라고 추론하는 것을 말한다. 예를 들어 신입사원 A1가 매우 똑똑한데(a), 알고 봤더니 '하버드'대 출신이고, 또 다른 사원A2도 같은 대학 출신으로서 유능하다면(a), 이러한 사례들이 모이고 모여서 '하버드'대 출신이라는 전체 집단(All A)은 모두 다 똑똑하다(a)는 결론이 도출될 수 있는 것이다.

이 같은 판단이나 결론이 내려지기까지 우리는 다음의 사고 또는 경험적인 절차를 거쳤다.

전제 1: 하버드 출신 A1는 남달리 우수하다.(A1=a)

전제 2: 하버드 출신 A2도 남달리 우수하다.(A2=a)

……

전제 x: 하버드 출신 x도 남달리 우수하다.(Ax=a)

결　론: 역시 하버드 출신은 뭔가 다르다.(All A=a)

즉 하버드 출신 A1, A2, A3가 우수하므로 하버드 출신은 다(All A) 뭔가 다르다는(우수하다) 결론이 내려지는 것이다.

일반화 추론은 귀납적 사고(inductive thought pattern)의 일종이다. 이때 결론에 이르는 추론의 과정에서 급하게 일반화가 이루어지면 이로 인한 오류가 발생할 가능성이 높다. 예를 들어 주위에서 "ㅇㅇ지역 출신은 뒤끝이 있더라"라는 식의 말을 했다고 하자. 이 같은 판단을 우리는 성급한 일반화라고 한다. 경험에서 얻은 몇 가지 단편적인 사실에 근거해 보편적인 결론을 서둘러 내리는 경우이다. 이 같은 판단은 우리의 편견을 강화하는 결과를 낳을 수 있다는 점에서 전혀 비논리적이므로 주의해야 한다.

시간적 추론　'징후'와 '인과'는 시간에 입각한 추론 방식이다. '정밀 검사를 받았기 때문에 이 제품은 품질이 우수할 것이다'라는 예를 살펴보

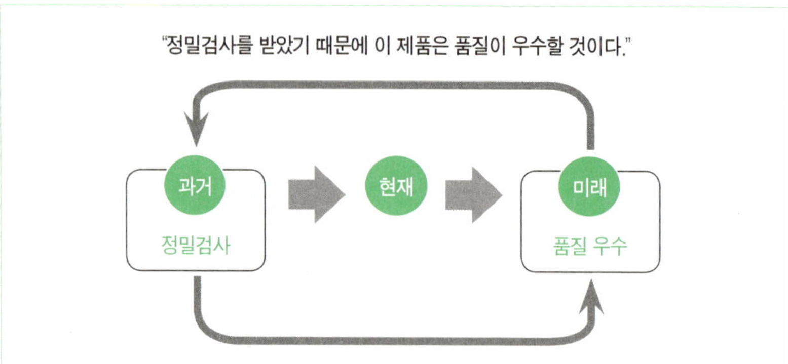

면, 정밀 검사가 이 제품의 품질을 보장하는 결과를 낳는다는 식의 논리적 연결이 가능하다. 이처럼 인과는 선행하는 사건이 뒤따라오는 결과에 영향을 미쳤다는 논리적 판단이다.

반면 징후는 현재의 증상들을 기반으로, 과거에 일어난 일을 유추하거나 미래의 상황을 예측하는 것을 말한다. 특히 징후는 인과가 아닌 상관적 관계로 추론이 이루어지는 경우를 말한다.

시간적 추론: 인과 먼저 인과 추론에 대해 알아보자. 누군가 "그 사람 말 많더니, 언젠가 실수할 줄 알았어"라고 말했다고 하자. 이 경우 '그 사람은 말이 많다'가 원인이 되고 '실수'가 결과가 되는 관계가 맺어진다. 인과 추론의 상당수는 위와 같은 삼단논법으로 구성된다.

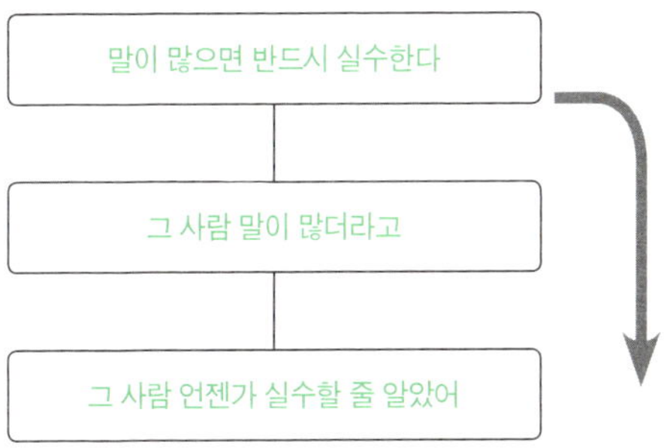

인과 추론은 다음과 같은 삼단논법으로도 재구성할 수 있다.

"이 제품은 정밀 검사를 받았기 때문에 품질이 우수하다."

대전제: 정밀 검사는 제품의 품질을 높인다.(A=B)

소전제: 이 제품은 정밀 검사를 받았다.(C=A)

결 론: 따라서 이 제품의 품질은 우수하다.(C=B)

시간을 축으로 주장과 근거 사이의 관계가 원인과 결과로 연결되는 경우에 대해 미국의 철학자 밀(J. S. Mill)은 다음과 같이 그 특징을 정리했다.

▲원인은 결과보다 시간적으로 먼저이고,
▲원인과 결과가 관련되어 있으며,
▲다른 인과적 설명이 배제될 때 인과적 관계가 있다.

일상적으로 인과적 주장은 논리적인 형태를 띠기 때문에 설득력이 높다. 특히 인간은 원인을 찾고 싶어 하는 동물이기 때문에 그렇다고 한다. 그런데 우연히 발생한 두 사안 사이에 엉뚱한 인과관계를 도입해 잘못 추론하는 경우도 많다. 이른바 '수탉의 오류'라고 하는데, 아침에 해가 뜰 때마다 수탉이 우는 것을 보고, 수탉의 울음이 해돋이의 원인이라고 추론하는 식의 오류를 말한다.

시간적 추론: 징후 징후 추론은 단서나 징후를 근거로 주장이나 결론으로 이동하는 경우를 말한다. 다음의 예를 보자.

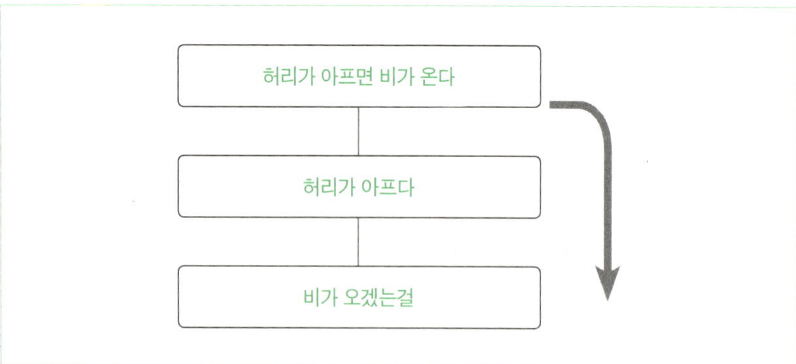

(면접에서 면접관이) "나한테는 짧게 물어보는 걸 보면 난 떨어진 것 같아."

"엉덩이가 크니 아이를 잘 낳겠네."

"허리가 아픈 걸 보니 비가 오겠다."

이 추론에서 우리는 근거와 주장 사이의 연결이 인과가 아니라, 증상이나 징후를 근거로 주장으로 이동했음을 알 수 있다. 인과 추론만큼 징후 추론 역시 어떤 현상의 배후에 놓인 본질을 밝히려는 인간의 본능적 욕구이자 지적 호기심의 결과로 나타난 인지적 활동이라고 할 수 있다.

징후 추론은 현재를 기반으로 과거의 존재를 추론하거나 미래를 예측할 때 사용한다. 이 추론은 경험적인 데이터를 중요하게 여기며, 그러한 데이터를 기반으로 과거나 미래의 상황을 유추하는 논리적 절차를 밟는다. 불확실한 미래나 불명료한 과거에 대한 예측이나 추론의 욕구가 징후 추론을 낳는다. 의사들이 몇 가지 증상을 토대로 병명을 유추할 때, 형사들이 현장에 남겨진 지문이나 족적 등의 단서를 토대로 범인을 추적할 때 등이 징후 추론의 한 예이다. 관상이나 점과 같은 비과학적인 예측 역시 징후적인 추론의 일종으로 볼 수 있다. 징후 추론의 삼단논법은 다음과 같이 구성된다.

"아니 땐 굴뚝에 연기나랴?"

대전제: 모든 땐 굴뚝에는 연기가 난다.(A=B)

소전제: 이 굴뚝에서 연기가 난다.(C=B)

따라서 (불을) 때었다.(따라서 A=C)

비교 추론: 닮은꼴 추론　　비교에 따른 추론은 비교되는 두 대상 사이에 공유하고 있는 특성을 기반으로 논리적인 비약이 이루어지는 경우이다. 예를 들어 '인생은 긴 항해'라는 말은 인생을 살아가는 것과 배를 운항하는 것이 가진 공통된 특성을 기반으로, 인생에서 항해로 논리적인 비약이 이루어진 것으로 볼 수 있다. 이 같은 비교에 입각한 추론에는 크게 닮은 꼴 추론과 은유적 추론이 있다.

닮은꼴 추론에 대해 살펴보자. 예를 들어 누군가 "경제가 어려운 것이 지난번 IMF 때하고 똑같잖아"라고 말했다고 하자. 지금의 경제 상황을 IMF 때와 비교해 "제2의 IMF지"라고 추론하는 경우가 바로 병렬적 추론이다.

닮은꼴 추론

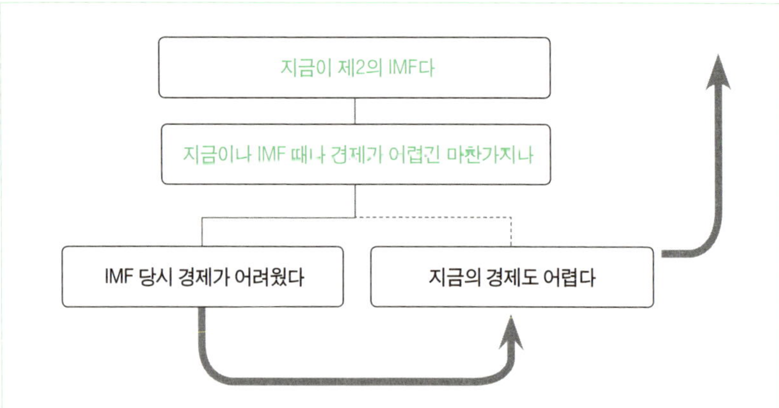

이 추론은 본질적으로 닮은 사례들을 활용해 그 결과 역시 같다는 식으로 추론하는 방법이다. 닮은꼴 추론은 여섯 번째 추론인 은유하고 비교할 때 같은 차원의 경우만 비교 대상이 된다는 점에서 '엄밀한 유추'(literal analogy)라고 불리기도 한다.

또한 닮은꼴 추론도 삼단논법으로 재구성될 수 있다. 즉 'A=a면 B=a

이다'는 식의 사유 과정을 거친다. 예를 들어, '일본에서 실패한 종부세가 우리라고 가능할까'라고 말을 하는 경우 다음과 같이 재구성된다.

대전제: 일본에서 실패한 정책은 한국에서도 실패할 가능성이 높다.
소전제: 종부세는 일본에서 실패한 정책이다.
결 론: 따라서 종부세는 한국에서 실패할 가능성이 높다.

비교 추론: 은유적 추론 은유적 추론은 닮은꼴 추론과 비슷하지만 본질적으로 서로 차원이 다른 경우를 비교해 추론하는 경우를 말한다. 그렇다면 은유적 추론의 삼단논법은 어떻게 구성될까?

예를 들어 '그는 우리 회사의 암적인 존재다'라는 주장은 다음과 같은 삼단논법으로 재구성할 수 있다.

대전제: 암은 제거해야 한다.(A=B)
소전제: 그는 암적인 존재다.(C=A)
결 론: 따라서 그도 제거해야 한다.(C=B)

여기에서 드러나듯이 대전제와 결론은 명시적으로 제시되지 않는 표현(그는 암적인 존재다)만으로도 충분히 삼단논법의 논리적 사유를 표현하고 상대방에 전달할 수 있는 것이다. 이 외에도 국가를 경영하는 것을 배로 항해하는 것 또는 비행기를 조종하는 것에 비유하는 경우가 바로 은유적 추론에 해당된다.

은유적 추론은 비유적 유추(figurative analogy)라고 할 수 있다. 예를 들어 'CEO 대통령'이라는 표현을 보자. 이 말에는 경제계에서 성공한 리더가 정계에서도 성공적일 수 있다는 유추적 사고가 내재되어 있다. "이 회사도 곧 산으로 올라가겠군"이라는 말은 그만큼 조직 내에 사공이 많다는 뜻을 담고 있으며, "후지산이 무너집니다"라는 말은 일본 축구가 졌을 때 무너져 내리는 일본 축구팬의 마음을 비유한 추론이다.

은유적 추론

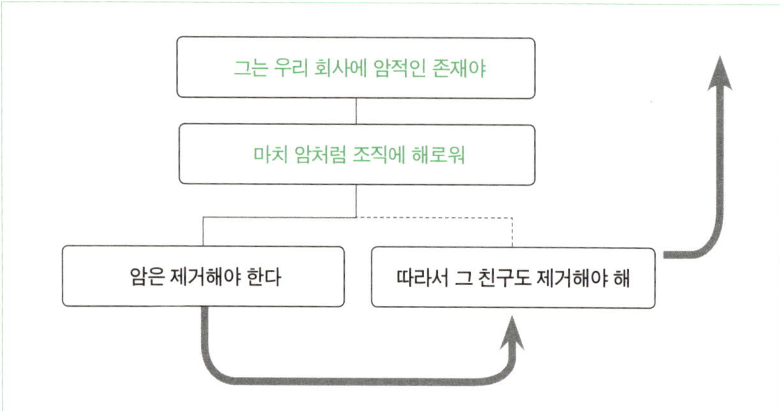

〈논리개발 4〉

오늘날 '나는 가수다'와 같은 서바이벌 방식이 우리 사회의 보편적인 경쟁 시스템으로 자리 잡아가고 있다. 이러한 사회 분위기를 반영해 '대학도 변해야 한다'는 주장을 펼치려 한다. 여섯 가지 추론에 입각해 각각 하나씩 논리적인 문장을 만들어보자.

분류화	
일반화	
인과	
징후	
닮은꼴	
은유	

* 모범 답안은 부록(p.252) 참조

제4장

논리는 프레임이다 - 생략과 압축

01
논거란 무엇인가?

: : 논증에서의 생략

기초 논리편에서 우리는 논리에도 추론과 도약의 모험이 불가피하다는 점을 배웠다. 또한 논증 과정을 들여다보면 근거에서 곧장 결론이 나오지 않고, 논증에 추론과 도약이 잘 녹아 있어야 논증의 타당성이 보장된다는 것도 배웠다. 그래서 이번에는 논증에 도약이 압축적으로 숨어 있는 과정에 대해 살펴보려 한다. 다음의 논증을 살펴보자.

> "10년째 사업을 한 A가 이제 사업한 지 2년 되는 B보다 아무래도 전문가라고 봐야지."

이 주장은 다음과 같이 재구성된다.

첫 번째 근거, 'A는 10년 전부터 그 사업을 해왔다.'
두 번째 근거, 'B는 그 사업을 시작한 지 2년이 되었다.'
결론은 '따라서 A가 B보다 그 사업의 전문가이다.'

생략과 논거 이 논증에서는 근거에 포함되어 있지 않는 내용이면서 결론에 처음 등장하는 것은 내용이 있다.

사업은 오래할수록 더 전문적이다: 사업의 전문성은 사업을 해온 햇수를 비교하면 누가 더 전문적인지 알 수 있다.
전문성에 대한 판단: 전문성에서 A가 B보다 우위에 있다.

첫 번째, 전문성에 대한 판단 기준이 사업을 한 시간이라는 점, 두 번째, 이에 따라 전문성에서 A가 B보다 우위에 있다는 판단, 이 두 가지는 근거에 제시되지 않았는데도 결론을 보장하는 새로운 내용이다. 이를 우리는

근거 1	A는 10년 전부터 그 사업을 해왔다
근거 2	B는 그 사업을 시작한 지 2년이 되었다
결론	따라서 A가 B보다 그 사업의 전문가이다

근거에 포함되어 있지 않는 내용이면서 결론을 보장하는 논거

1. 전문성에 대한 판단 기준이 사업을 한 시간이라는 점
2. 사업 경력을 비교해 볼 때 전문성에 있어서 A가 B보다 우위에 있다는 판단

논리(warrant)라고 한다.

이 두 개의 논거(warrant)는 논증을 성립시키는 배경 역할을 한다. 위의 두 가지 판단 논거는 논증에서 표면적으로 나타나 있지 않다. 왜냐하면 굳이 표현하지 않아도 우리가 상식적으로 '당연하게 받아들일 수 있는 내용'이기 때문이다. 이처럼 논증의 표면에는 등장하지 않고 근거와 주장 사이에 잠재적으로 자리 잡아 논증의 타당성을 높이는 역할을 하는 근거를 우리는 '논거'라고 한다.

논거(warrant) = 논증을 성립시키는 배경

대화에 등장하지 않는 근거로 이것이 없으면 결론이 성립되지 않는다

1. 사업은 오래하면 할수록 더 전문적이다
2. 사업의 전문성은 그 사업을 해온 햇수를 비교하면 누구에게 더 있는지 알 수 있다

당연하게 받아들일 수 있는 내용

논거	논증의 표면에 등장하지 않고, 근거와 주장 사이에 잠재적으로 자리잡아 논증의 타당성을 높이는 역할을 하는 근거

이렇게 생략된 논거까지 동원해 위 논증을 재구성하면 다음 표와 같은 논증이 이루어진다.

이처럼 논증 표면에 등장한 근거만으로 결론을 유도하는 것보다 대화에 등장하지 않은 논거를 결합한 논증이 비약이 적고 타당하다는 느낌을 준다.

생략이 없는 완벽한 논증	
근거 1	A는 10년 전부터 그 사업을 해왔다
근거 2	B는 그 사업을 시작한 지 2년이 되었다
논거 1	사업은 오래하면 할수록 더 전문적이다
논거 2	사업의 전문성은 그 사업을 해온 햇수를 비교하면 누구에게 더 있는지 알 수 있다
결론	따라서 A가 B보다 그 사업의 전문가이다

논증의 구조 제시된 사례에서 우리는 다음 네 가지 사실을 확인할 수 있다.

첫째, 논증은 주장과 이 주장을 지지하는 근거, 나아가 근거와 주장의 결합의 타당성을 높이기 위한 논거로 구성되어 있다.

둘째, 주장을 지지하는 이유라는 점에서 근거나 논거는 같다.

셋째, 많은 논증에서 논거는 대화나 논의의 표면에 등장하지 않는다. 즉 논거는 상당수 생략된다.

넷째, 그렇지만 대화와 논의의 배경으로서 논거는 중요한 역할을 하고 있다.

논의의 표면에는 근거와 주장이 드러나 있는 반면 논의의 물밑에는 논거가 숨겨져 생략되어 있다. 이 같은 논증의 구조를 그림으로 표현하면 다음과 같다.

이렇게 논증이 이루어지는 과정에서 생략되어 표면에 등장하지 않는 논리들은 대개 우리 사회 내 구성원들이 당연하게 받아들이는 '상식'이나 보편적인 '가치'들로 구성되어 있다. 물론 한 사회나 시대에서 이처럼 자명한 논리가 다른 시대나 사회에서는 그렇지 않은 경우가 있다. '여필종부'와 같은 조선시대의 '상식'과 '가치'가 오늘날 더 이상 통용되지 않는 것과 마찬가지다. 따라서 엄밀한 의미에서 우리는 이 생략된 '논거'들을 논증의 표면에 등장시키고, 일일이 따져보고 점검하는 절차가 필요하다. 가장 자명한 것처럼 자연스러워 보이는 '논리' 속에 우리 사회의 편견이나 이데올로기가 숨어 있을 가능성이 크기 때문이다. '논리'를 가장한 '비논리'의 위험이 바로 이 '논거'에서 비롯된다.

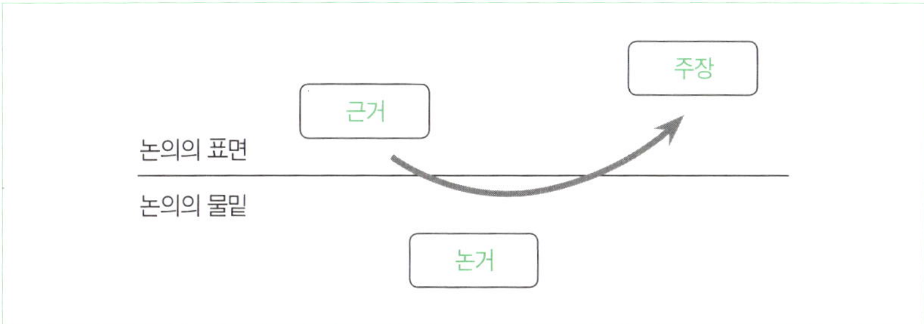

: : 생략의 사례

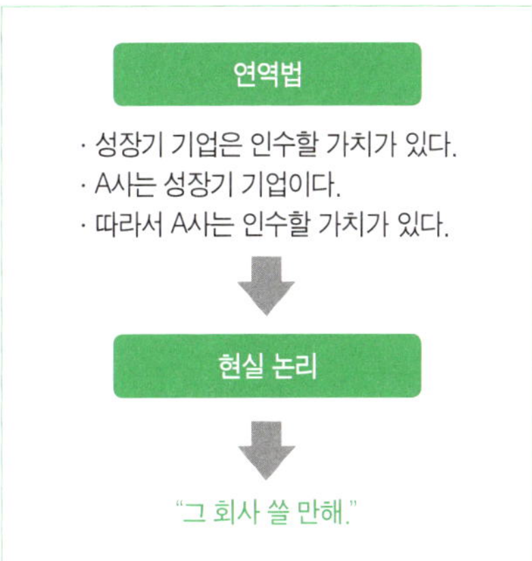

생략과 압축의 기본적인 특징은 이미 살펴본 바 있으나, 여기서 다시 한번 간략하게 설명하려 한다. 논리라고 하면 우리는 대개 형식 논리상의 삼단논법을 떠올린다. 예를 들어 연역법으로, '성장기 기업은 인수할 가치가 있다 / A사는 성장기 기업이다 / 따라서 A사는 인수할 가치가 있다'가 대표적인 사례일 것이다.

하지만 앞에도 말했다시피 일상에서 이러한 형식적 단계를 모두 거치면서 논리를 펼치는 것은 번거로운 일이다. 우리에게 익숙한 현실의 논리 표현은 "그 회사 쓸 만해"이다. 이처럼 실용 논리에서 가장 두드러진 특징은 바로 생략이다. 그렇다면 "그 회사 쓸 만해"에는 무엇이 생략되어 있을까?

생략된 전제 먼저 연역적인 추론에서는 '성장기 기업은 인수할 가치가 있다'라는 첫 번째 전제와 'A사는 성장기 기업이다'라는 두 번째 전제가 모두 생략되어 있다.

첫 번째 전제는 보편적인 가정 또는 가설이다. 여기서 가정이란, 그 내용이 옳지 않다고 반증될 때까지 임시로 옳다고 정해져 있는 사건을 의미한다.(임시로 정해져 있다는 의미에서 가정이다) 대개 근거는 경험적 사실로 이루어져 있지만, 논거는 가정이나 가설로 이루어져 있다. 따라서 '성장기 기업은 인수할 가치가 있다'는 가정은 이 내용이 틀렸다고 반증될 때까지 당연한 사실로 받아들여지는 사안이다. 첫 번째 전제가 생략된 이유는 이것이 우리가 일단 자명한 것으로 받아들이는 신념이나 가치, 입장이나 가정 등이기 때문이다. 그러므로 첫 번째 전제는 논거이다.

그렇다면 두 번째 전제가 일상적 논의에서 생략된 이유는 무엇일까? A사가 성장기 기업인지에 대한 판단 근거가 무엇인지를 묻는다면, 아마도 A사의 설립 연도, 성장 배경, 사업 실적 등을 토대로 한 데이터일 것이다. 그렇다면 두 번째 전제는 경험적 사실에 기반을 둔 근거에 해당된다. 그런데 첫 번째 전제처럼 논거가 아닌 두 번째 전제가 논의 과정에서 생략된 이유는 무엇일까? 그것은 이 주장을 펼치는 논의의 장에서는 누구나가 'A사가 성장기 기업에 해당된다'는 점을 알고 있기 때문이다. 즉 대화 당사자 사이에 공유되는 근거 또한 과감하게 생략될 수 있다는 것이 일상의 논리적 추론이 지닌 특징이라고 할 수 있다.

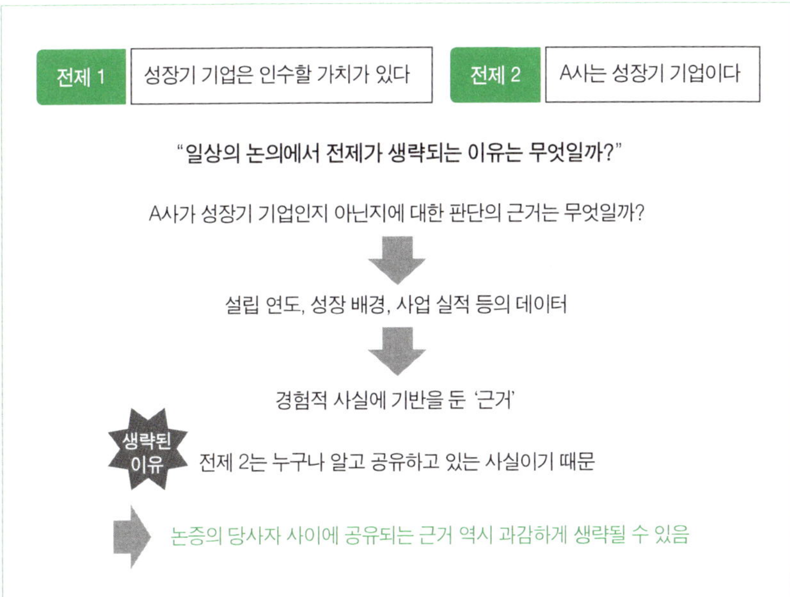

예외는 없다 생략은 형식 논리와 비교해서 실용 논리가 지닌 가장 큰 특징이다. 형식 논리상으로는 '모든 사람은 죽는다 / A는 사람이다 / 따라서 A는 죽는다'와 같은 삼단논법이 성립된다. 사실 이 삼단논법을 일상 논리로 표현하면 "A라고 별수 있어? 다 죽는 거지!"라는 말이면 족하다. 형식 논리의 연역적인 사고가 일상에서는 이처럼 '예외는 없다'는 주장으로 늘 펼쳐져 왔던 것이다. 즉 '모든 개별적 사례는 보편적 전제하에 놓인다'는 전제의 생략을 기반으로, 연역적인 논리가 과감하게 압축되어 표현된 것이다. 하지만 앞서 생략된 논거에 우리의 '편견'이 숨어 있듯이, 이렇게 '예외 없다'고 과감하게 전제하는 사고 속에 현실을 지나치게 일반화시키고 이 틀 안에서 사례들을 쉽게 판단하려는 사고의 폭력이 일어나기 쉽다. '예외 없는 규칙이 없다'는 명제처럼 현실의 개별적인 사례 하나하나를 꼼꼼하게 따져보는 사고가 가장 '논리적인' 사고에 부합된다고 할 수 있다.

02
생략삼단논법

: : 생략삼단논법이란?

생략삼단논법은 일상에서 생략된 형태로 사용되는 수사적인 삼단논법을 의미한다. 형식 논리가 의식적인 분석에 의해 추론된다면, 일상 논리는 무의식적인 생략에 의해 작동한다. 또 형식 논리는 형식 자체가 증명을 담보하지만, 일상 논리는 생략된 전제나 결론을 아무 의심 없이 받아들일 때 설득된다. 형식 논리상의 삼단논법이 기본적으로 보편적인 전제에서 출발했기 때문에 예외가 인정되지 않는 반면, 수사적 삼단논법인 생략삼단논법은 객관적 '사실'이 아니라 일상적인 '판단'에 관심을 갖는다. 삼단논법이 하나 이상의 전제나 결론을 생략하는 이유에 대해 아리스토텔레스는 "논리 단계를 다 거치면 진술문이 너무 명백해서 언어낭비가 되기 때문"이라고 밝히고 있다. 이처럼 생략은 결국 불필요한 언어적인 낭비를 줄이기 위한 언어경제학의 과정으로 이해될 수 있다.

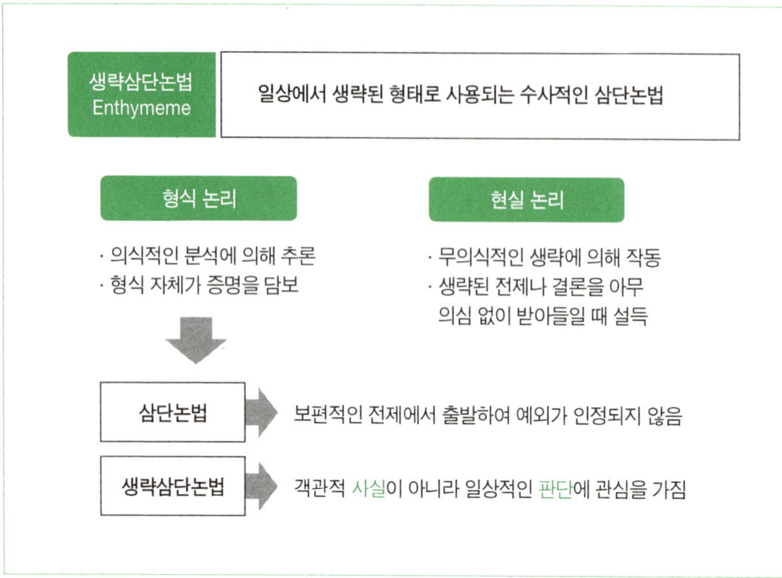

생략삼단논법에서 전제나 결론을 생략할 수 있는 경우는 통념, 징후, 필수지표이다.

생략 가능한 전제 1: 통념 일반적 통념이나 보통 사람들이 믿는 상식, 속담이나 가치관 등이 동원될 때, 이 같은 전제나 결론은 생략 가능하다.

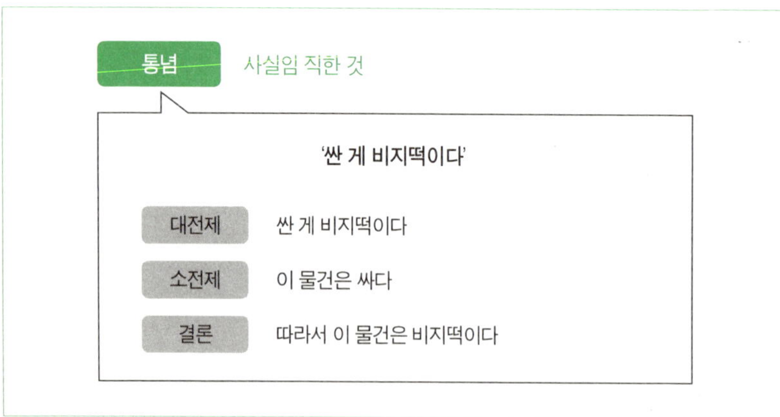

예를 들어 '싼 게 비지떡'이라는 말은 '싼 게 비지떡'이란 이야기가 대전제가 되고 '이 물건은 싸다'라는 이야기가 소전제가 되므로, '따라서 이 물건은 비지떡'이라는 결론을 내릴 수 있다.

이 속담에 근거해 논증을 펼치는 경우 우리는 대전제만 남겨놓고 소전제와 결론이 생략된 논리적 추론이 이루어졌다는 점을 알 수 있다.

생략 가능한 전제 2: 징후 징후 추론의 경우도 생략 가능하다. 예를 들어 '밤에 남자들하고 쏘다니는 것을 보니 그 여자는 노는 여자야'라는 말을 보자.

여기서는 '밤에 남자하고 쏘다니는 여자는 노는 여자다'라는 대전제가 생략되었고, '그 여자가 밤에 남자들하고 쏘다녔다'는 소전제 역시 생략된 상태에서 '그 여자는 노는 여자'라는 결론이 내려졌다.

여기서는 대전제, 즉 논거가 생략된 채 소전제와 결론 이 두 표현이 수면 위에 드러나 있다는 것을 알 수 있다. 소전제에서 결론으로의 추론 과정에서 현상적인 사실에 근거해 주장을 추론했다는 점에서 징후적인 추론이 생략을 낳았다는 것을 알 수 있다.

징후 개연적인 단서

'밤에 남자들하고 쏘다니는 거 보니까 노는 여자야'

생략된 대전제	밤에 남자하고 쏘다니는 여자는 노는 여자다
표현된 대전제	그 여자가 밤에 남자들하고 쏘다녔다
표현된 결론	따라서 그 여자는 노는 여자다

생략 가능한 전제 3: 필수지표 필수지표는 전제와 주장 사이에 물리적인 연결고리나 인과관계가 성립되는 경우를 말한다. 예를 들어 머리에서 열난다고 하는 경우는 감기에 걸렸음을 전제로 한다. 이처럼 필수지표는 개연적인 징후 추론과는 달리 필연적인 연관성을 매개로 추론이 이루어진다.

그러나 징후 추론과 필수지표 사이의 관계가 모호한 경우도 많다. 감기가 반드시 열을 수반하지 않을 수도 있고, 감기가 아닌 다른 병이 열나는 현상의 원인일 수도 있기 때문이다. 징후 추론과 필수지표는 둘 사이를 구분하는 것 자체가 쉽지 않고, 과학과 인식의 발달에 따라 그 구분이 변하기도 한다.

필수지표 물리적인 연관성이 있는 경우
징후적인 표현만 남기고 전제를 생략

열이 있다 따라서 감기에 걸렸다

- 필연적인 연관성을 매개로 추론
- 징후 추론과 필수지표 사이의 관계가 모호한 경우
- 감기가 반드시 열을 수반하지 않을 수도 있고, 거꾸로 열나는 현상이 감기가 아닌 다른 병을 원인으로 삼을 수도 있기 때문
- 징후 추론과 필수지표를 구분하는 것 자체가 쉽지 않고, 또 과학과 인식의 발달에 따라 변하기도 함

: : 생략된 전제에 대한 검증

생략된 전제나 결론에 대한 비판적인 검증 작업은 합리적인 논증을 위해

꼭 필요한 작업이다. 먼저 주어진 논증에서 생략된 전제나 결론을 찾는다. 일상 논리에서 우리는 삼단논법상 논거나 근거, 심지어 결론까지도 생략 가능하다는 것을 앞에서 알 수 있었다. 다음에는 이렇게 생략된 전제나 결론이 과연 생략 가능한지, 다시 말해 보편타당한지를 점검할 필요가 있다. 앞서 제시된 예처럼 '밤에 남자들하고 돌아다닌다'고 해서 '모두 다 노는 여자'라고 볼 수 있느냐는 것이다. 이 전제를 받아들이면 이 자체가 건전한 논증이 되지만, 만약 생략된 전제에 이의가 있으면 논증을 받아들이기 어렵다. 바꿔 말하면, 생략된 전제가 보편타당할 때엔 논리적인 주장이 되지만, 그렇지 않으면 단순한 오류나 편견으로 취급할 수 있다는 의미이다.

: : 생략삼단논법의 사례

일상에서 사용되는 생략삼단논법들을 살펴보자. 가령 연인 사이의 남자친구에게 여자친구가 다음과 같이 말했다고 하자.

"남자친구면 다 알아서 해줘야 되는 거 아니야?" 이 말에는 다음과 같은 삼단논법이 전제되어 있다.

> 남자친구라면 다 알아서 해줘야 한다(A = B)
> 너는 내 남자친구다(C = A)
> 따라서 다 알아서 해줘야 마땅하다(C = B)

그렇지만 현실에서 이 말은 '알아서 해주지 않는' 남자친구에 대한 질책이나 비난의 의미로 쓰인다. 그러니까 '다른 남자친구는 안 그런데 왜 너만 그러느냐'는 논리가 깔려 있는 것이다. '너만 제외하고 모든 남자친구들은 예외가 없다'는 논리가 내재된 것이다.

또 다른 예를 들어보자. 미팅에서 처음 만난 여자에게 한 남자가 다음과 같이 말한다.

"미인이신데 남자친구가 없나 봐요?" 이 말에는 다음과 같은 전제가 생략, 내재되어 있다.

> 모든 미인은 남자친구가 있다(A = B)
> 당신은 미인이다(C = A)
> 따라서 당신은 남자친구가 있어야 한다(C = B)

이 말 역시, 질문 자체에 목적이 있는 것이 아니라 '당신은 미인인데 왜 예외적으로 남자친구가 없느냐'는 식으로 상대방을 띄워주는 의도가 깔려 있는 수사적인 화법이다. 앞서 연역적 추론이 '예외는 없다'는 논리적 사고를 전제한다고 보았다. 이 사고가 일상의 영역에서는 '예외에서 벗어난' 상대방을 질책하거나 칭찬하기 위한 '논리'로 구사되는 것을 볼 수 있다. 이 점에서 우리는 생략삼단논법이 일상적으로 사용될 때에는 종종 왜 '너만 예외냐'는 식의 추궁이나 비난, 역설적 반어법 등을 보일 때 사용된다는 것을 잘 알 수 있다.

〈논리개발 5〉

생략 가능한 전제에 대해 실습해보도록 하자. 다음 여덟 가지 사례가 생략 가능한 전제인 통념, 징후 추론, 필수지표 가운데 어디에 해당되는지 체크해보자.

No.	사례	구분		
1	부모는 자식을 사랑한다	통념	징후 추론	필수지표
2	아름다운 것은 비싸다	통념	징후 추론	필수지표
3	임신으로 인한 입덧	통념	징후 추론	필수지표
4	흐린 날에 쑤시는 허리	통념	징후 추론	필수지표
5	갓길에 서 있는 고장 난 자동차	통념	징후 추론	필수지표
6	범인이 범행 현장에 남긴 지문	통념	징후 추론	필수지표
7	범행 용의자의 알리바이(현장부재증명) 주장	통념	징후 추론	필수지표
8	거짓말탐지기 조사의 결과	통념	징후 추론	필수지표

* 모범 답안은 부록(p.252) 참조

03
프레임의 이론과 실제

: : 프레임이란?

이제 기초 논리의 세 번째 특징 가운데 압축에 관한 설명을 프레임이라는 개념을 통해 살펴보자. 프레임이란 흔히 액자나 안경테 등을 가리키는데, 여기서 쓰이는 프레임이란 말은 우리가 세상을 바라보는 방식을 형성하는 논리적인 구조물이자 틀을 일컫는다. 안경을 끼고 있을 때 안경테를 의식하지 못하듯이 프레임 역시 인지적으로는 무의식적이다. 다시 말해 의식적인 형태로 접근할 수는 없지만 결과물을 통해 그 존재를 알 수 있는 것이 프레임인 것이다.

프레임은 언어와 논리 작용의 산물이다. 따라서 프레임에 동원된 단어는 프레임이 설정한 개념에 맞추어 정의된다. 우리 두뇌는 해당 단어와 결부된 개념을 연상하기 때문에 결과적으로 프레임의 논리를 자연스럽게 따르게 된다.

:: 레이코프의 프레임 이론

프레임 이론을 제창한 조지 레이코프는 『코끼리는 생각하지 마』(삼인, 2006)라는 책에서 프레임에 대해 다음과 같은 질문을 던진다. "어떻게 가난한 사람들이 자기들에게 그렇게 큰 해를 끼치는 부시에게 투표할 수 있는 걸까?" 레이코프의 문제의식에 따르면 인간은 자신의 경제 수준(계급)에 따라 투표하는 것이 아니라 자신의 가치관 혹은 프레임에 부합하는 방식으로 투표한다.

1% 대 99% 혹은 20 대 80이라는 말 들어보았는가? 이는 사회 계층 간의 분화와 양극화 현상을 설명하는 용어이다. 그런데 문제는 1% 혹은 20%에 속하지 않는 사람들이 자신의 이익과 상반되게 상위 계층의 이익을 대변하고 나서거나 투표하는 행위를 한다는 것이다. 어떻게 이런 일이 일어날 수 있을까? 이 같은 현상의 원인이 바로 프레임이다.

99% 혹은 80%에 속하는 상당수의 사람들은 자기가 상위 1%에 속하거나 장차 속하게 되리라고 믿는다.(인구의 약 35%를 차지하는 것으로 나타난다) 따라서 그들은 미래에 희망하는 자기 이익에 근거해 행동한다. 즉 사람들은 반드시 자신의 '현재적' 이익에 따라 투표하지는 않으며, 오히려 자신의 정체성과 가치관에 맞춰 자기가 동일시하고 싶은 대상에 투표한다는 것이다. 이 같은 현상은 우리 사회에서도 잘 나타나고 있다. 학력이 낮고 소득이 낮은 계층이 오히려 보수적인 정당을 지지하는 정치적 성향이 바로 그것이다. '강남좌파'는 그 반대 지점에 위치하는 정치적 행태를 보이는 집단을 일컫는 말이기도 하다. 진리가 사람들에게 받아들여지려면 사람들이 가지고 있는 기존 프레임에 부합해야 하며, 만약 진실이 프레임과 맞지 않으면, 프레임은 남고 진실은 버려진다. 이처럼 프레임은 객관적인

진실조차도 좌지우지할 정도로 강력한 힘을 발휘하는 인지적인 틀이라고 할 수 있다.

: : 언어와 프레임

프레임 작동에서 레이코프가 가장 주목하는 것은 언어이다. 노암 촘스키의 제자이자 유명한 언어학자인 레이코프의 주장에 따르면, 모든 언어에는 이미 은유적인 프레임이 들어 있다. 예를 들어 2004년 미국 대통령 선거에서 조지 부시는 세금 감면(tax relief)이라는 프레임을 설정해 재집권에 성공했다. 이 프레임의 구조는 세금에 '구제'라는 새로운 개념을 결부시켜, 중립적인 세금에 구제가 지닌 개념의 망, 즉 '세금 -고통 - 구제 - 영웅 - 선'의 이미지와 '세금 -구제 - 방해 - 악당 - 악'의 연쇄 이미지가 무의식적으로 연계되어 있음을 보여주는 것이다. 이렇게 보면 프레임은 프로파간

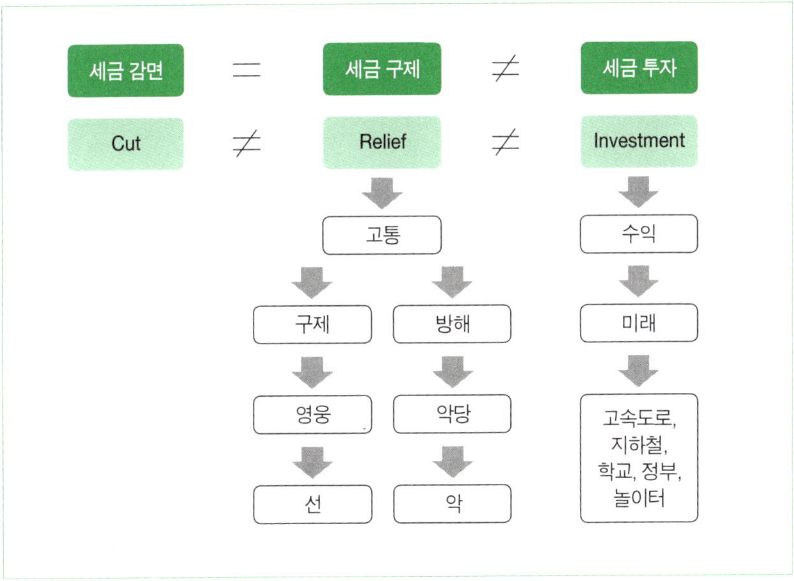

다의 수사법으로 악용될 여지도 꽤 크다.

어쨌거나 세금에 대한 부정적인 프레임을 다른 긍정적인 프레임으로, 예를 들어 세금 구제 대신 세금 투자로 대체하게 되면 '세금 - 투자 - 수익 - 미래 - 고속도로/지하철/학교/놀이터/정부'와 같은 긍정적인 이미지의 연쇄망이 넓어질 수 있다. 이처럼 현실에서 프레임은 정치적인 수사로서 특히 큰 힘을 발휘한다.

: : 프레임에서의 생략과 압축 구조

그렇다면 생략과 압축의 논리운동과 프레임에는 어떤 관련이 있을까? 레이코프가 설명한 프레임의 작동 원리는 다음 개요로 설명될 수 있다. 세금 구제라는 프레임이 세금 감면이라는 표현 대신 사용됨으로써, 구제라는 표현에 내재된 '고통 구제'는 생략된 전제가 되고, 이 프레임을 통해 세금 감면을 시행하는 정치인이 곧 국민을 고통으로부터 구제하려는 '영웅'이라는 암시된 주장 또한 생략되었다는 것이다. 이렇게 논리적인 압축과 연계가 세금에 대한 부정적인 이미지를 낳고, 세금 감면을 주장하는 정치인을 '영웅'으로 바라보게 만드는 논리적 연상을 낳았다. 세금 구제 프레임은 결국 생략된 전제와 암시된 주장이 압축되고 연결된 결정체이자 연결판이다.

이처럼 프레임은 생략과 추론이라는 두 가지 논리의 운동을 축으로 삼아 서로 동떨어진 두 가지 개념을 연결해 기존 대상을 새로운 시각으로 바라보게 만드는, 창의적 사고와 발상을 위한 논리의 한 방법이다. 생략된 전제 자체가 의식되지 않고 자연스럽게 사라지듯이 프레임 운동 역시 자연스럽게 연결됨으로써 우리의 무의식 수준에서 대상을 새롭게 인식

할 수 있게 한다.

프레임 ⇐ 세상을 새로운 방식으로 바라보게 만드는 생략과 압축의 논리운동

프레임이 작동되는 구체적인 과정

- 전혀 이질적인 두 개의 개념(세금과 구제)
- 생략삼단논법에서 생략된 전제를 토대(구제 = 고통/영웅/선)
- 하나의 새로운 대상으로 결합시킴(세금 = 구제)
- 기존의 익숙한 대상을 새롭게 바라보게 만드는 논리의 운동 (세금 감면이 아닌 세금 구제)
- 생략된 전제 자체가 의식되지 않고 자연스럽게 생략
- 프레임 운동 역시 자연스럽게 연결됨으로써 무의식 수준에서 대상에 대한 새로운 인식 가능(세금 감면 = 세금 구제)

: : 프레임의 특성

프레임을 우리말로 표현하자면 '개념의 틀 짓기' 정도일 것이다. 하나의 이슈가 곧 무엇에 대한 것인지 또 이를 궁극적으로 어떻게 이해해야 하는 것인지 제시된 현상을 이해하기 위해 필요한, 주제 구성의 중심적 견해이자 해석적 의미 요소(interpretive packages)의 집합이 바로 프레임인 것이다.

프레임이 이렇게 강력한 힘을 발휘하는 이유는 무엇일까? 프레임은 우리에게 대상이 무엇(what)이라고 말해주는 것이 아니라, 대상을 어떻게 바라보아야 할지 그 방법(how)을 결정한다는 점에서 그 힘이 남다르다. 앞서 프레임을 안경테에 비교했는데, 눈이 나쁜 사람은 안경을 통해

사물을 볼 때 종종 자신이 안경을 끼고 있다는 사실 자체를 잊는다. 이때 그가 끼고 있는 안경이 현실을 왜곡해서 보여주고 있다면 문제는 심각할 것이다. 예를 들어 뉴스 보도에서 정치를 정치인의 가십 중심으로 프레임하면 정치적인 정책과 이슈가 사라지고 정치 냉소주의가 판을 치는 결과를 낳는다. 따라서 부정적인 현실 구성을 낳는 프레임은 긍정적인 프레임으로 재구성해야 세상을 바라보는 방식을 바꾸는 결과를 낳을 수 있다.

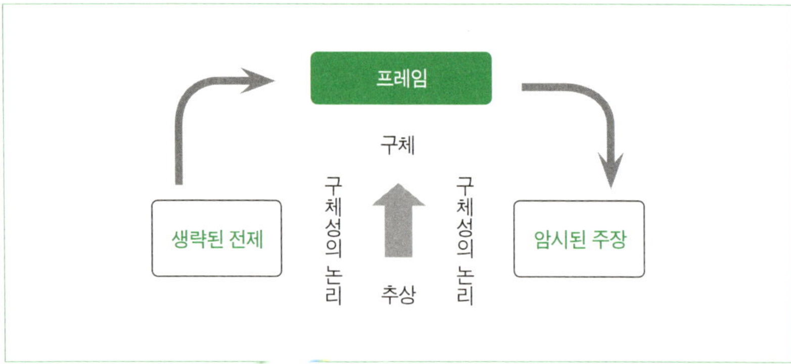

프레임 사례 분석: 세금 폭탄 우리 사회에서 프레임이 활용된 유사한 사례로 '세금 폭탄'을 예로 들어보자. 세금 폭탄이라는 프레임에는 두 개의 생략삼단논법이 압축적으로 결합되어 있다. '모든 폭탄은 위험하다 / 공포스럽다 / 고통스럽다 / 제거되어야 한다'는 생략된 대전제, '세금은 폭탄'이라는 소전제, '따라서 세금은 위험하다 / 공포스럽다 / 고통스럽다 / 제거되어야 한다'는 암시된 결론의 삼단논법이 연결되어 있다. 즉 이 프레임에는 폭탄에 대한 기존의 부정적인 시각이 생략된 채 전제된 상태에서, 부정적 시각을 암시적으로 세금에 전이시켜, 세금에 대해 새로운 부정적 시각을 갖도록 유도하는 논리운동이 내포되어 있다.

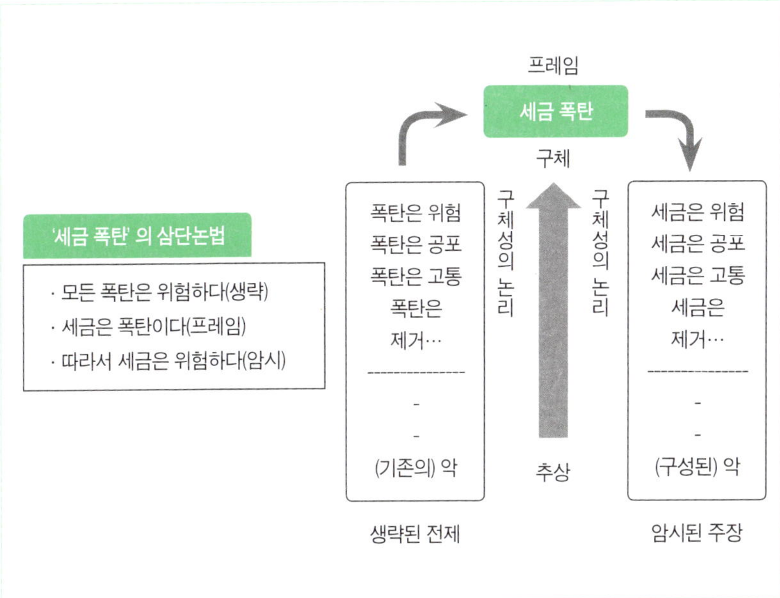

프레임 사례 분석: 또 하나의 가족 삼성 또 다른 사례를 들어보자. 삼성전자의 대표적인 광고 캠페인인 '또 하나의 가족' 시리즈를 기억하는 독자들이 많을 것이다. '또 하나의 가족, 삼성'이라는 프레임에는 다음과 같은 논리의 운동이 전개되어 있다. 먼저 가족이라는 개념이 갖는 상징적인 의미(가족은 따뜻하다 / 안전하다 / 정답다 / 사랑이다)가 이 프레임에는 생략된 채 전제되어 있다.

이와 같은 가족의 이미지를 삼성과 결합시키면 이 이미지가 삼성에 고스란히 전이되는 결과를 낳는다. 따라서 이 프레임은 '삼성은 따뜻하다 / 안전하다 / 정답다 / 사랑이다'와 같은 주장을 암시적으로 내포해, 삼성을 새롭게 바라볼 수 있는 시각을 논리적으로 열어놓게 만드는 결과를 낳는다.

광고 캠페인에 흔히 사용되는 이 같은 프레임이 우리의 사고 과정에 미치는 작용은 '파블로프의 개' 실험으로 유명한, 고전적 조건화 이론의 학

습 모델과 흡사하다. '파블로프의 개' 실험에서는 '침을 흘리는' 식의 무조건적인 반응을 불러일으키는 무조건적 자극인 '먹이'와 중립적 자극인 '종소리'를 무수한 반복 학습으로 '상호 연계'시킴으로써, '종소리'라는 자극을 조건화하는 데 성공했다. 그 결과 종소리만 들리고 무조건적인 자극, 즉 먹이가 없음에도 불구하고 침을 흘리는 학습이 이루어진다.

마찬가지의 연계 작용이 프레임에서도 작동된다. '가족'이 우리에게 불러일으키는 반응은 거의 '무조건'적이다. 누구나 '가족'을 떠올리면 '따뜻함', '포근함', '그리움', '어머니 품' 등에 관한 생각과 반응이 '저절로' 나온다. '가족'이라는 단어는 파블로프의 개 실험에서 마치 '먹이'처럼 우리에게는 무조건적인 자극인 된다. 반면 '삼성'이라는 기업은 중립적 자극이라고 할 수 있다. 물론 '삼성' 자체가 우리에게 선경험이 없는 진공 상태의 대상은 아니기 때문에 사전 경험에 따라 '삼성'에 대해 긍정적 혹은 부정적인 '반응'이 나올 수 있다. 하지만 논의의 전개를 위해 '삼성'에 대한 이 같은 선행 경험과 이에 따른 반응을 '통제'하면 '삼성'이라는 기업은 우리에게 중립적 자극인 셈이다.

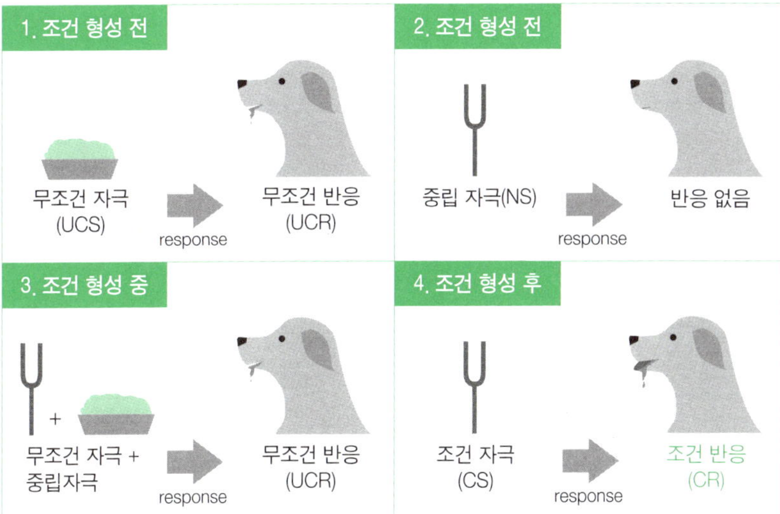

이제 이 두 개의 자극을 광고라는 메시지 틀 내에 연결하고 나서 이를 우리에게 무한 반복해서 보여준다. 이 과정을 거치면서 우리는 거의 무의식 수준에서 '삼성=또 하나의 가족'이라는 연결을 자연스럽게 받아들인다. 그 결과는? '가족'이라는 무조건적 자극 없이 '삼성'의 로고만 봐도 우리는 자연스럽게 '따뜻하고 포근하며 그리운 어머니 품'을 떠올리게 되는 것이다. 바로 이 과정을 거쳐 중립적 조건에 대한 학습이 이루어진다.

이렇게 본다면 우리의 일상에서 반복되어 제시되는 프레임은 우리의 사고를 조건화시키는 인지적 학습 과정과 다를 바 없다. 프레임의 힘은 바로 이 같은 무의식적 의식화를 통해 발휘되는 것이다. 프레임의 힘을 악용했을 때 프로파간다의 또 다른 도구로 악용될 수 있는 소지가 다분한 것도 바로 이 때문이다.

〈논리개발 6〉

그러면 지금부터 브레인라이팅과 논리나무를 활용한 프레임 설정 실습을 해보도록 하자. 유명 광고 카피인 '침대는 과학입니다'와 인기 프로그램 제목인 '나는 가수다'에 대해 프레임 분석을 해보자. 즉 두 광고에 명시된 주장에는 어떠한 생략된 전제와 암시된 주장이 있는지 아래의 논리나무를 채워보도록 하자.

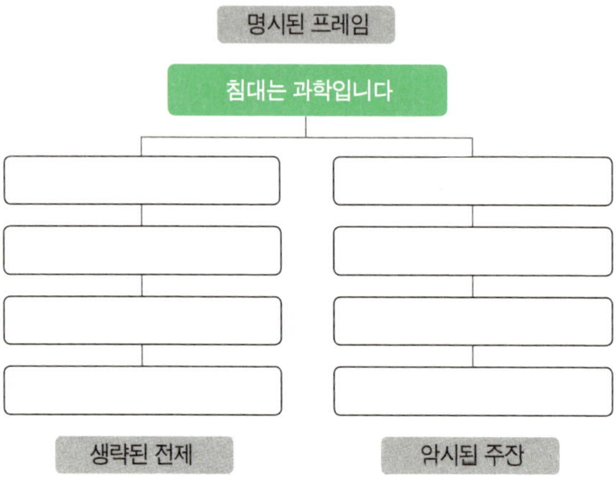

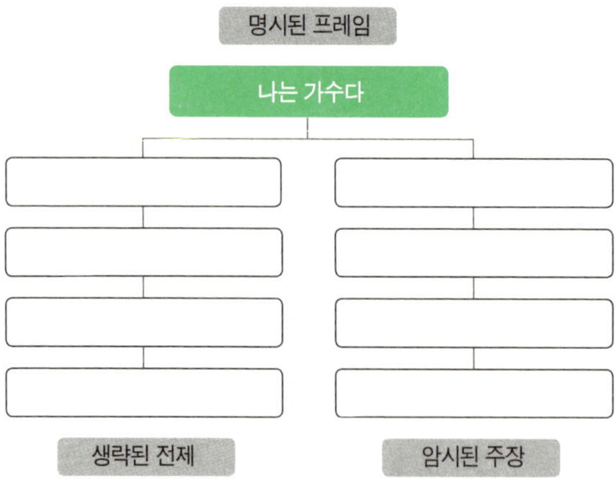

* 모범 답안은 부록(p.253~254) 참조

제5장

회의와 필수 논리 1

01
회의란 무엇인가?

지금까지 우리는 논리의 기초 운동에 대해 배웠다. 그리고 그 움직임을 크게 분류와 확장, 추론과 도약 그리고 생략과 압축 등 세 가지로 설명한 바 있다. 이제 논리가 활용되는 응용 분야를 다루어보도록 하겠다. 그 첫 번째 응용 분야는 바로 조직 생활에서 거의 매일 반복되고 있는 회의이다.

앞서 우리는 우리나라 직장 내 회의 문화에 관한 설문 조사 결과를 살펴본 적이 있다. 회의 진행 방식의 경우 '회의가 상사 의견만 전달되고 일방적으로 진행된다'는 의견은 절반 이상(53.9%)을 차지한 반면 '모두의 의견이 자유롭게 오가며 창의적으로 진행된다'고 응답한 사람은 전체의 1/3에(33.9%) 그쳤다. 아예 '아무도 말을 하지 않는 침묵의 회의'라는 답변도 12.2%에 이르렀다. 이 결과는 우리 사회에서 논리를 기반으로 심도 깊은 논의가 이루어져야 할 회의가 권위적인 분위기 속에서 합리적인 의사 결정을 내리지 못하는 형태로 흘러가고 있음을 보여주는 방증이라고 할 수 있다.

회의 시 결론 도출 방식

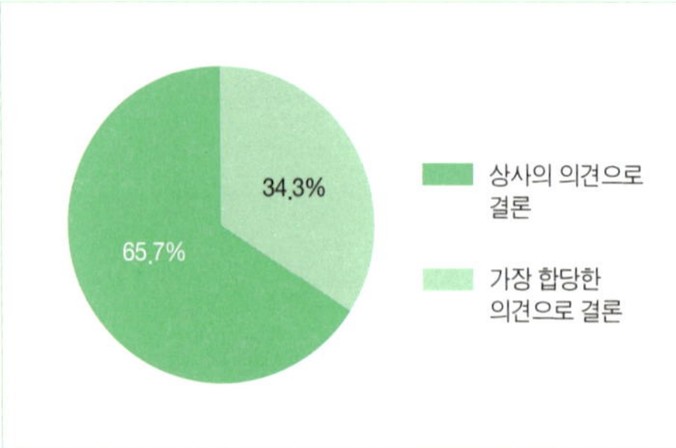

회의의 결론 도출 방식을 묻는 설문 조사에서도 '회의의 결론은 결국 상사의 의견대로'라는 답변이 65.7%로 나타나, '누구의 의견이든 가장 합당한 의견으로 결론 난다'는 답변 34.3%보다 두 배 이상을 차지했다. 응용 논리의 첫 번째 분야로 회의에서의 논리적인 커뮤니케이션을 다루는 가장 큰 이유도 이러한 일상의 회의 문화와 분위기를 합리적인 방향으로 개선하는 데 조금이나마 도움이 되었으면, 하는 의도에서다.

: : 회의의 개념

회의는 우리 주변에서 늘 일어나는 일이기 때문에 오히려 정확히 정의하기가 어렵다. 그래서 우선 회의의 개념에 대해 정의하려 한다. 회의는 '복수의 사람들이 모여서 특정한 의제 또는 문제를 해결하기 위해, 다양한 의견이나 정보를 적극적으로 교환해 공통의 이해로서 의견의 일치를 찾고 행동하도록 구성된 일종의 회합체 내지는 모임'이라고 할 수 있다. 이 정의를 통해 우리는 회의가 성립되기 위해서는 ①다수의 사람들로 구성된 모임이 있어야 하고, ②이 모임에 논의해야 할 의제나 해결해야 할 문제가 있어야 하며, ③회합에서 다양한 의견과 정보를 자유롭게 교환해야 하고, ④공통의 이해를 통해 의견의 일치를 찾아야 하며, ⑤논의 결과를 행동화해야 한다는 특징을 도출해낼 수 있다. 다시 말해 회의는 이견이 있는 사안을 놓고 자유롭고 심도 깊게 논의하는 장이며, 서로 다른 이해관계를 조정해 의견의 일치를 도출할 뿐만 아니라 이를 실행에 옮기는 역할까지 맡고 있다.

회의 → 복수의 사람들이 모여서 특정한 의제 또는 문제를 해결하기 위해 다양한 의견이나 정보를 적극적으로 교환하여 공통의 이해로서 의견의 일치를 찾아서 행동화하도록 구성된 일종의 회합체

- 회의가 성립되기 위해서는 다수의 사람들로 구성된 모임이 있어야 함
- 모임에서 논의해야 할 의제나 해결해야 할 문제가 있어야 함
- 회합에서 다양한 의견이나 정보를 자유롭게 교환해야 함
- 공통의 이해를 통해 의견의 일치를 찾아야 함
- 논의 결과를 행동화해야 한다는 특징을 도출해낼 수 있음

특히 기업의 입장에서 회의는 의사 결정을 앞에 둔 방안들을 가상적으로 시뮬레이션해서 그 채택 여부를 결정하는 기회이기도 하다. 흥미로운 점은 기업이 의사 결정을 내리는 대개의 사안들은 미래지향적인 정책 안건들이라는 것이다. 따라서 회의에서 논의되는 대상은 지금으로서는 실현되지 않은 가상의 대상이며, 지금 내리는 의사 결정 역시 확실성이 담보되지 않은 모험적 판단이 된다. 이 시뮬레이션의 최종적인 판단 기준은 어떠한 결정이 우리 기업이나 조직의 '행복한' 미래를 담보할 수 있느냐는 점이다. 모든 미래에 대한 논의는 궁극적으로 논의에 참여하는 사람들의 보다 나은 미래와 행복의 실현 가능성을 위해 진행되기 때문이다.

회의 → 의사 결정을 앞에 둔 방안들을 가상적으로 시뮬레이션하여 그 채택 여부를 결정하는 논의의 장

- 대개 기업이 의사 결정을 내리는 사안들은 미래지향적인 정책적 안건
- 미래에 도입될 사안들을 놓고 '현재' 시점에서 적절성 여부를 판단하는 것
- 회의에서 논의되는 대상은 지금으로서는 그 실체가 실현되지 않은 가상의 대상이면서 동시에 지금 내리는 의사 결정 역시 확실성이 담보되지 않은 모험적 판단
- 회의에서의 의사소통의 방식은 미래의 대상을 놓고 가상적으로 시뮬레이션을 돌려보는 방식이 될 수밖에 없음

: : 회의 방식에 따른 다양한 특징

이제 논리적 관점에서 회의에서의 논의 방식이 지닌 특징을 정리해보자. 회의는 주장, 곧 서로 다른 입장을 지닌 주장들이 만나서 겨루는 공간이다. 기초 논리에서 배운 대로 주장은 근거의 도움을 받으면 논증이 된다. 따라서 주장들이 난무하는 회의야말로 가장 논리적인 자리이자 허심탄회한 의견이 오가는 논증의 장인 것이다. 바로 이 점 때문에 자유롭고 합리적인 회의 문화와 분위기가 중요하다.

무언가를 주장한다는 것은 곧 어떤 문제를 제기한다는 의미이다. 주장하는 사람이 제기하는 문제는 그의 생각에 따르면 무언가 심각하고 또 지속적으로 발생하고 있는 사안이다. 문제가 사소하고 일시적이었다면 주장할 바가 없고, 주장할 것이 없으면 회의석상에서 침묵하면 그뿐이다. 그렇기에 누군가 회의에서 제기하는 문제의식은 그만큼 변화가 절박하다는 표현이자 변화하지 않으면 어떤 방식으로든 불이익이나 위기가 닥

회의는 주장이다

서로 다른 입장을 지닌 주장과 주장들이 만나고 겨루고 다투는 공간

· 주장은 근거의 도움을 받았을 때 논증이 됨
· 주장들이 난무하는 회의야말로 가장 논리적인 자리이자 논증이 펼쳐지는 장이 됨
· 자유롭고 합리적인 회의 문화와 분위기가 중요하다

쳐온다는 예견이기도 하다. 회의가 미래에 도입될 상황의 시뮬레이션이라는 것은 바로 이런 뜻이다.

한 발 더 나아가 회의석상에서 문제를 꺼내놓았다는 것은 문제를 제기하는 사람이 아직 좌절하지 않았다는 의미이기도 하다. 다시 말해 자기 조직의 변화 가능성을 믿고, 미래의 변화를 기대한다는 낙관적 의지의 표현이 바로 이 같은 문제 제기인 것이다. 문제(이의) 제기가 현실을 바꾸어 나가려는 용기 있는 행위라는 점에서 우리는 회의석상에서 누군가가 펼치는 주장이나 제기하는 문제의식을 존중하고 배려해야 한다.

회의에서는 다른 이의 주장을 잘 들어주는 것만으로도 소통의 리더십이 발현될 수 있다. 권위적인 의사 결정은 다른 주장을 '듣지 않는' 독단적인 판단을 뜻한다. 성실한 청취가 소통하는 리더의 제1덕목인 이유는 그 자체가 주장에 대한 존중과 배려, 관심을 표현하기 때문이다.

주장을 잘 듣는 것은 정책결정자 스스로 변화할 여지가 있다는 것을 나타내주는 지표가 될 수 있다. 꽉 막힌 리더가 아니라, 다양한 여론을 적극 청취해서 탄력적인 의사 결정을 내릴 수 있는 능력 역시 소통하는 리더의

중요한 품성 가운데 하나이다. 이렇게 본다면 회의는 논리를 기반으로 한 주장자와 의사 결정자 사이의 소통 과정이다. 조직의 입장에서 가장 현명한 결정을 내리기 위해서는 논리를 기반으로 한 합리적인 의사소통이 회의의 공간에서 진행되어야 할 필요가 있다.

회의에서 잘 듣는 것이 바로 소통의 리더십

- 회의에서 누군가의 주장을 듣는 것 역시 그 주장에 대한 관심의 표현일 수 있음
- 권위적인 의사 결정은 한마디로 참여자의 말을 '듣지 않는' 독단적인 판단을 의미함
- 결정은 리더의 몫일지라도 참여자의 말을 잘 들어주는 것만으로도 참석자의 주장을 존중하고 배려하는 관심의 표현일 수 있음
- 소통하는 리더의 제1덕목은 부하 직원의 주장이나 문제 제기를 잘 들어주는 것

02
디베이트식 회의

이제 이 같은 회의의 개념을 바탕으로, 토론을 진행하듯 어떤 쟁점을 놓고 찬성과 반대의 입장에서 회의를 진행하는 방식을 소개할까 한다. 이 새로운 의사소통 모델은 바로 디베이트식 회의이다. 디베이트식 회의란 찬성과 반대라는 상반된 시점에서 조직의 문제를 다루면서 반대 관점이라도 합리적이면 받아들이는 식으로 당면 과제를 논리적이고도 건설적

디베이트식 회의

찬성과 반대라는 상반된 시점에서 조직의 문제를 다루면서 자신과 다른 관점도 합리적이면 받아들여서 당면 과제를 논리적이고 건설적으로 심도 깊게 논의하는 회의 진행 방식

➡ 특히 객관적인 근거들을 토대로 문제를 분석하고, 원인을 탐색하여 해결책을 제시하기에 가장 논리적이면서도 합리적인 검증의 장이 될 수 있다.

으로 심도 깊게 논의하는 회의 진행 방식을 말한다. 이 방식은 특히 객관적인 근거들을 토대로 문제를 분석하고 원인을 탐색해 해결책을 제시하기 때문에 가장 논리적이면서도 합리적인 검증이 이루어질 수 있다.

디베이트식 회의 진행 방식이 지닌 이런 장점들의 영향으로, 최근 국내 여러 기업에서는 토의나 토론 방식으로 회의를 진행하는 흐름을 보이고 있다. 삼성에버랜드는 '회의실'이라는 명칭 대신 '토론방'이라는 명칭을 사용하며 진행 방식의 변화에 나섰다. 교보생명은 CEO 직속 변화관리팀에 '바르고 빠른 의사소통과 의사 결정'을 위한 회의 비용 산출 프로그램을 마련해 회의의 기회비용 산출하고 회의의 생산성을 높이려는 노력을 기울이고 있다. SK그룹에서는 '캔미팅' 제도를 도입해 회사가 아닌 외부 장소에서 부서원들이 자유롭게 토론하는 분위기를 마련하고 있으며, GM 대우도 '크로스미팅' 제도를 통해 직급과 상관없이 터놓고 대화하고 토론하는 문화를 도입하고 있다.

: : 디베이트식 회의 방식의 특징

그렇다면 이렇게 디베이트식 방식이 회의 문화의 변화를 실현하는 계기로 높게 평가되고 있는 이유는 무엇일까? 디베이트의 특징에서 이에 대한 답을 찾을 수 있다.

첫째, 디베이트에는 명확한 규칙이 존재한다. 디베이트는 일정한 형식과 시간 제한, 논의 진행 규칙 등을 포함하고 있다. 이 같은 규칙의 존재는 관행처럼 굳어진 중구난방식 논의나 늘어지는 회의 시간 등 여러 문제를 해결하는 데 큰 도움이 될 수 있다.

둘째, 논제를 상정한다. 찬반이 명확하게 구분되는 문제를 회의 논제로 상정하면, 쟁점을 명확해지고 이에 대한 입장 역시 분명하게 세울 수 있다. 이렇게 되면 입장이 모호한 '회색지대'가 사라지고, 당면한 쟁점의 구조를 더욱 선명하게 이해할 수 있다.

셋째, 반대가 존재한다. 일정 사안에 대한 비판적인 입장의 존재는 조직을 긴장시키고 건전하게 만든다. 예를 들어 인텔 직원들은 입사 후 '건설적인 대결'이라는 교육을 받는다. 지위 고하에 상관없이 자유롭게 의견을 내고 증거와 논리를 바탕으로 서로 비판하고 논쟁하는 방법을 가르치는 교육이다. 인텔은 이 교육을 통해 '제대로 논쟁해야 회사에 기여할 수 있다'는 인식을 직원들에게 심어준다. 앤디 그로브 전 인텔 회장은 "문제를 덮어두지 않고 적극적인 토론을 통해 발전적으로 해소하도록 한 '건설적인 대결' 문화가 인텔이 성공한 가장 큰 원동력"이라고 말했다. 과거 중세 가톨릭교회의 추기경 선임 과정에서 유래한, 이른바 '악마의 옹호자' 역할을 하는 사람도 있어야 한다는 것이다.(한경 비즈트렌드 2010.12.09 기사 인용)

넷째, 증명이 필요하다. 객관적인 근거가 뒷받침되지 않으면 주장은 그저 단언에 지나지 않는다. 기초 논리에서 배웠듯, 주장과 근거의 결합으로 논증을 펼쳐나가는 과정이 가장 논리적인 절차이고 그 과정이 빛을 발하는 공간이 바로 디베이트식 회의이다.

다섯째, 승패를 판단한다. 디베이트에서 찬반의 주장자가 설득해야 하는 대상은 상대 진영이 아니라, 판단을 유보하고 있는 다수의 회의 참석자이다. 토론자의 역할은 의사 결정권을 지닌 회의 참석자들을 설득하는 것이다. 결과적으로 회의 참석자가 찬성 혹은 반대 입장을 표명해 토론의 승패가 갈리게 되기 때문에, 권위에 의해 독단적으로 의사 결정이 이루어지기보다는 합리적인 방향으로 내려질 가능성이 높아진다.

:: 왜 디베이트여야 하는가

디베이트는 주제가 정해지면 찬반 양면에서 철저한 조사를 기반으로 논의를 구축하고 경합을 벌여 제3자의 결정을 기다리는 구도이다. 대개 찬성측은 논제를 긍정하는 입장에서 현 상태의 변화를 주장하는 입장이고, 반대측은 논제를 부정하는 입장에서 현재 상태의 유지를 호소하는 입장이다.

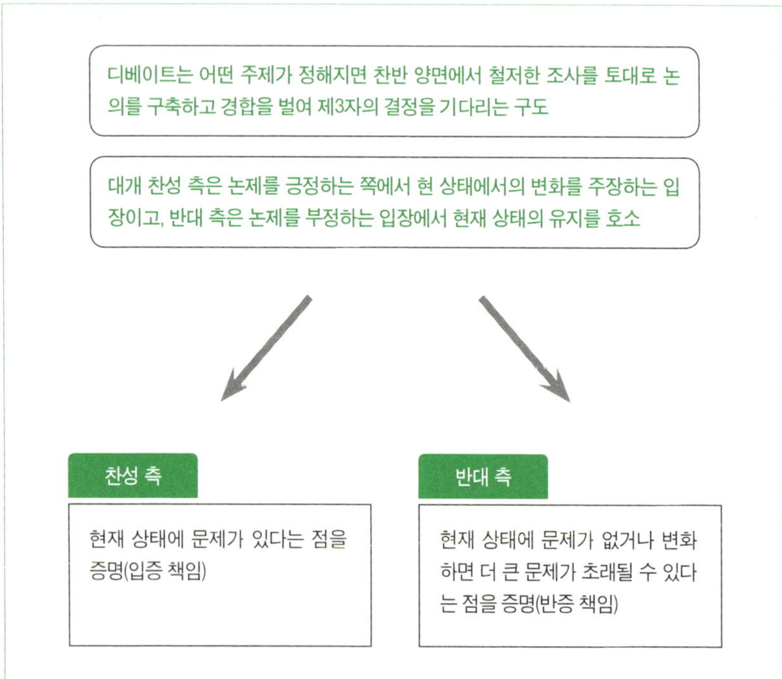

예를 들어 '신입사원 부서 배치 전, 부서 내 사전 면접을 실시해야 한다'라는 주장이 논제가 되었다고 하자. 이는 사전 면접 없이 부서 배치가 이루어지는 현 상태에 문제가 있다는 의미이다. 이처럼 현 상태의 변화를 논제로 삼았다면, 찬성측은 현재 상태에 문제가 있다는 점을 증명해야 한

다. 반면 반대측은 현재 상태에 문제가 없다거나 변화 이후 더 큰 문제가 초래될 수 있다는 점을 증명해야 한다.

찬반양론의 구도를 지닌 디베이트 방식 회의에서 의사 결정이란 목표를 달성하기 위해 복수의 대안 중 하나를 의식적으로 선택하는 과정이다. 의사 결정은 의사 결정을 한 본인뿐 아니라 의사 결정자가 속한 팀, 회사 전체에 이르기까지 광범위한 영향을 미칠 수 있으므로 대단히 중요하다. 다시 말해 잘못된 의사 결정은 낭비와 비효율을 유발할 뿐 아니라 조직 전체에 치명적인 손실을 야기할 수도 있다. 그러므로 조직의 리더에게 의사 결정의 중요성은 더욱 커질 수밖에 없다. 디베이트를 통한 의사 결정은 리더 개인에게 의존하는 판단의 위험성을 줄이고, 가장 설득력 있고 합리적인 의사 결정을 할 수 있는 가능성을 높인다는 점에서 상당히 매력적이다.

그렇다면 디베이트에 입각한 판단과 그렇지 않은 판단 사이에는 어떠한 차이점이 있을까? 디베이트적 판단은 자기 의견을 늘 반대 입장에서

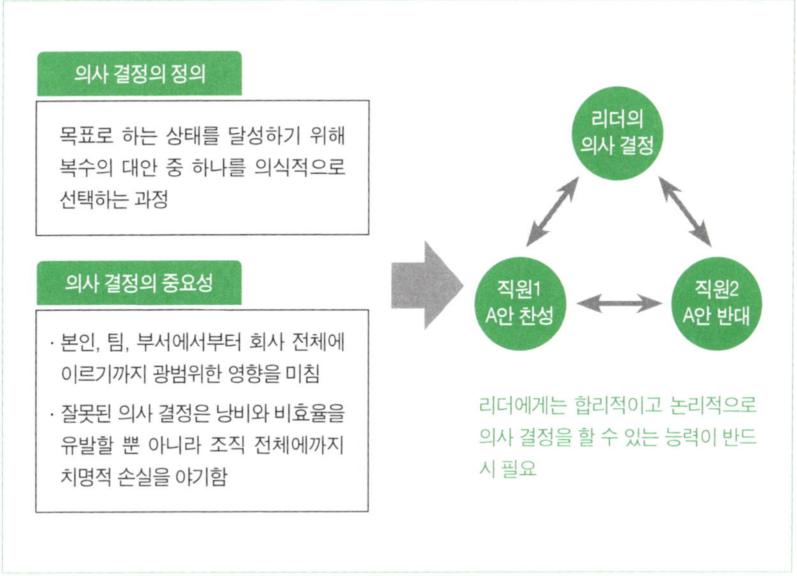

직시하기 때문에 역지사지의 관점을 가질 수 있지만, 비디베이트적인 상황에서는 권위적이고 독단적인 판단이 지배할 가능성이 높다. 그리고 디베이트적 관점은 객관적인 검증을 중시하는 반면 비디베이트적인 판단에서는 팩트보다 개인의 경험이나 직관적인 통찰 혹은 동물적인 감각 등이 중요하게 받아들여진다. 또한 디베이트적 판단은 다각적이고 상대적인 시야를 확보하는 것이 가능하다. 디베이트 과정에서 우리는 제시된 주장이 엎치락뒤치락하는 것을 목격하게 된다. 하나의 입장이 여러 각도에

디베이트적 판단	비디베이트적 판단
자기 의견을 반대 입장에서 직시	자기 생각 중심의 일방적인 견해
객관적인 검증을 중시	주관적인 속단을 함
다각적/상대적으로 보는 시야	반대 의견에 귀를 닫음
이성적으로 합리적인 판단을 내림	느낌으로 말하거나 감정적임

디베이트식 회의의 특징

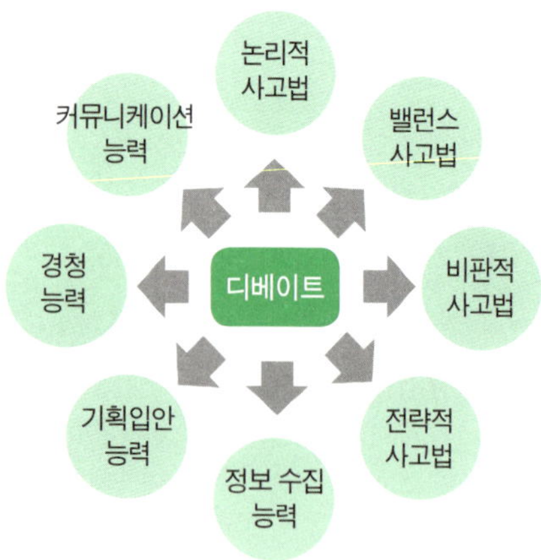

* 출처: 『논리력 트레이닝』, 모테기 히데아키 지음·정선숙 옮김(철학과 현실사, 2005)

서 굴절되고 변형되어서 반영되고 전개되는 것이다. 디베이트는 결국 주어진 쟁점이나 미래의 의사 결정을 가장 이성적이고 합리적으로 판단할 수 있게 하는 원천이자 힘이다.

03
회의의 유형

이제 본격적으로 조직에서 실제로 진행하는 회의에 대해 다루어보도록 하자. 보통 회의의 목적에 따라 회의의 성격을 구분할 수 있는데, 크게 정보 공유 회의, 의견 수렴 회의, 계획 입안 회의, 의사 결정 회의로 나눌 수 있다. 이 가운데 의사 결정 회의는 디베이트 방식으로 진행될 수 있는 회의의 꽃이라 할 수 있다.

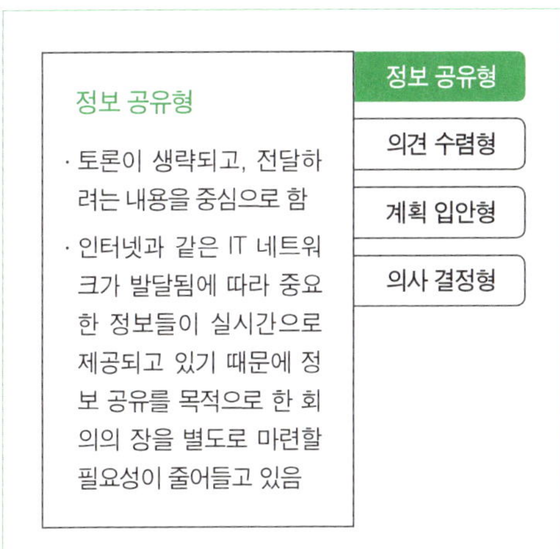

정보 공유 회의는 정보를 지시하거나 보고 받기 위한 회의, 또한 모든 구성원들이 정보를 제대로 이해했는지 확인하기 위한 회의이다. 여기서는 전달하려는 내용이 중심이 되며 쟁점에 대한 토론 절차가 생략되는 경우가

대부분이다. 인터넷 등의 IT 네트워크를 통해 중요 정보들이 실시간으로 제공되는 오늘날과 같은 정보사회에서는 정보 공유를 위한 별도의 장을 마련할 필요성이 줄어들고 있으므로, 정보 공유 회의의 의미는 점점 축소되고 있다.

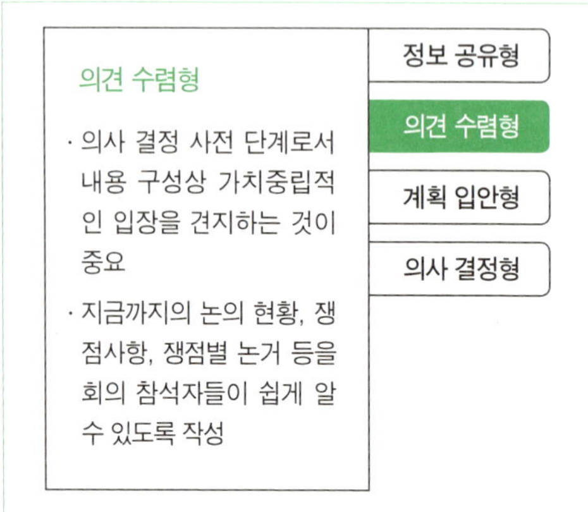

의사 결정의 사전 단계에 열리는 의견 수렴 회의는 조직 내외의 갈등을 조절하고 조직 내 커뮤니케이션을 촉진시키기 위한 회의다. 회의를 통해 조직간 갈등을 불러일으키는 쟁점을 객관적으로 파악하기 위해서는, 가치중립적인 입장을 견지하며 내용을 구성해야 한다. 지금까지의 논의 현황, 쟁점 사항, 쟁점별 논거 등을 회의 참석자들이 쉽게 알 수 있도록 작성해 세시하는 것이 필요하다.

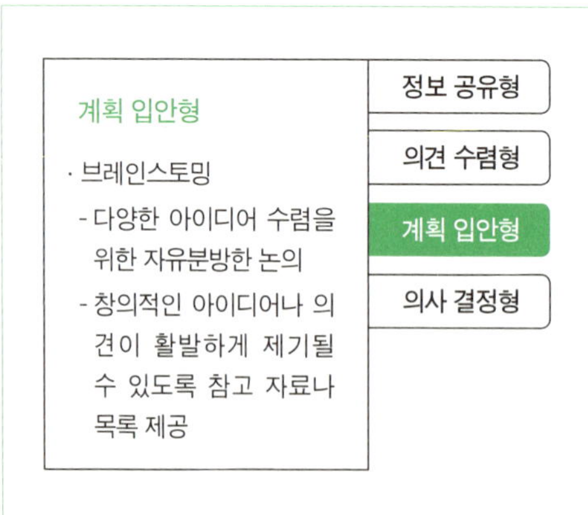

계획 입안 회의는 브레인스토밍 회의를 일컫는다. 새로운 프로그램이나 프로젝트를 개발하고 지원하며, 새로운 아이디어 개발을 촉진하기 위한 목적을 가지고 있으므로, 다양한 아이디어들이 수렴될 수 있도록 자유분방한 논의 방식을 유지하는 것이 좋다. 참고 자료나 목록을 제공해 창의적인 아이디어나 의견이 활발하게 제기될 수 있도록 한다. 브레인라이팅을 활용하는 것도 하나의 방법이다.

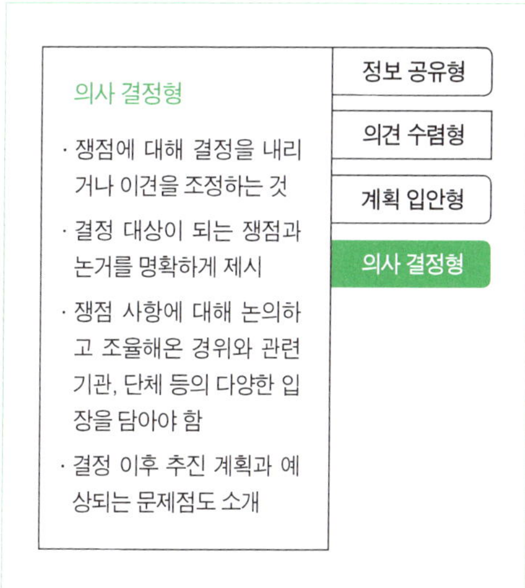

마지막으로 의사 결정 회의는 회의의 꽃이자 종결자이다. 쟁점에 대해 결정을 내리거나 이견을 조정하는 회의로, 여기서는 결정 대상이 되는 쟁점과 논거를 명확하게 제시하는 것이 중요하다. 쟁점 사항에 대해 논의하고 조율해온 경위와 관련 기관, 단체 등의 다양한 입장을 소개하고, 결정 이후의 추진 계획과 예상되는 문제점도 소개해야 한다. 그러므로 의사 결정 회의야말로 디베이트식 회의로 진행하기에 가장 적합하다고 할 수 있다.

:: 유형에 따른 회의 진행 과정 사례

그럼 디베이트식 회의에서 논의의 진행 흐름은 어떤 구조를 가지고 있을까? 우선 문제를 발견하면 발견된 문제를 분석하고, 분석 결과로 도출된 방안을 입안한다. 변화 방안(정책)을 제시한 뒤에는 찬반 검증 과정을 거쳐서, 최종적으로 가장 설득력 높은 방안을 선택해 정책을 결정하는 흐름이다. 이 같은 논의의 기본 구성을 토대로 각각의 유형별 회의에서 논의되는 사항의 구조에 대해 살펴보자.

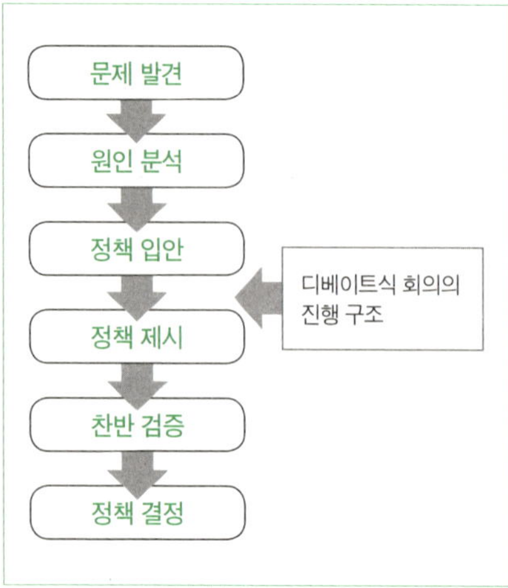

먼저 정보 공유 회의는 회의 목적이나 배경에 대해 소개하고 토의 내용을 논의한 다음, 유의 사항을 전달하는 흐름으로 진행된다. 반면 의견 수렴 회의는 부서 간의 이해관계를 조정하기 위한 사전 준비 작업을 소개하면서 회의를 시작한다. 계획 입안 회의는 회의가 성립된 배경이나 회의에서 다루게 될 문제를 소개하면서 회의를 시작하는 흐름이다. 사전 준비 작업을 소개하는 부분을 제외하면 의견 수렴 회의와 동일한 흐름을 지니고 있다. 마지막으로 의사 결정 회의는 회의가 성립된 배경이나 회의에서 다루게 될 문제를 소개하고, 회의의 목적을 설명한 후 문제를 발생시

* 출처: 『대통령 비서실 보고서』, 노무현대통령비서실 보고서품질향상연구팀(위즈덤하우스, 2007)

킨 원인을 분석하고, 개선 방안을 도출한 후 이를 실행하기 위한 구체적인 계획을 세우는 순서로 논의가 진행된다.

이제 사례를 중심으로 유형별 논의의 흐름을 좀 더 상세하게 들여다보자. 첫 번째로 정보 공유 회의이다. 이 회의는 성과주의 평가 시스템을 점검하기 위해 관련 의견과 정보를 부서 간에 공유하기 위한 목적에서 열렸다.

회의 일정은 다음과 같다. 우선 전체 회의는 9시부터 11시까지 두 시간이다. 가장 먼저 인사부장이 약 20분 정도 세 가지 문제점(현행 평가 시스템은 현장에 적합한가 / 평가자의 기준은 정확한가 / 평가에 대한 불만은 없는가)에 대한 기본 분석을 브리핑한다.(09:00-) 이어서 제1영업부장이 세 가지 문제점에 대한 현상 분석을 하고(09:20-) 이어서 제2영업부장이 현상 분석 결과를 발표한다.(09:40-) 10시부터는 참가자 전원이 현행 제도의 문제점을 논의하고 정리해 11시에 회의를 마친다. 회의 진행에서 유의해야 할 사항

정보 공유 회의의 사례: '성과주의 시스템 점검을 위한 의견 및 정보 공유'

토의 내용 및 일정

- 09:00　인사부장: 세 가지 문제점 기본 분석
- 09:20　제1영업부장: 세 가지 문제점 현상 분석
- 09:40　제2영업부장: 현상 분석 결과 발표
- 10:00　참가자 전원: 문제점 논의 및 정리
- 11:00　종료

유의 사항

- 평가의 문제를 가능한 구체적으로 파악하기 위해 사례들을 최대한 수집할 것
- 문제점을 위의 세 가지 목적에 따라 분석해서 정해둘 것

으로는 최대한 사례를 수집해 평가의 문제를 가능한 구체적으로 파악하는 것, 그리고 문제점을 위의 세 가지 목적에 따라 분석해서 정해둘 것 등이며, 이 점은 회의 시작 전에 참석자들에게 전달되어야 한다.

다음은 의견 수렴 회의이다. 이 회의는 현재 세 화면으로 나누어진 홈페이지 구성에 대한 불만이나 문제점을 철저하게 분석하고 개선 방향을 명확하게 제시하려는 목적에서 열렸다. 여기서는 회의 전에 현행 홈페이지의 문제점이나 불만스러운 점 등을 조사해 분석하고, 고객 의견을 빠짐없이 목록으로 만들어 점검해야 한다.

회의 진행 일정은, 먼저 담당자가 홈페이지 메인 화면을 3분할 형태로 구성한 이유에 대해 약 30분 정도 브리핑을 진행한다.(09:00-) 이어서 전체 회의 참가자들이 현행 3분할 체제의 문제를 토의하고 분석해, 결과를 제시한다.(09:30-11:00) 이 회의는 11시까지 약 두 시간에 걸쳐 진행된다. 이

의견 수렴 회의의 사례: '3분할 홈페이지 화면 구성에 대한 개선 방향 논의'

토의 내용 및 일정

- 09:00　담당자 설명: 홈페이지의 3분할 구성 이유에 대한 브리핑
- 09:30　3분할의 문제 분석
- 11:00　종료

유의 사항

- 회의 때 모든 문제점을 파악할 수 있도록 상세한 정보를 준비할 것
- 변경에 필요한 참고할 만한 홈페이지 양식을 지참할 것
- 추후 회의 일정
  - 개선 계획 작성
  - 개선 일정 확정

번 회의 진행에서 유의해야 할 사항은 회의 때 모든 문제점을 파악할 수 있도록 실무팀에서 상세한 정보를 준비해야 한다는 것, 홈페이지 변경 작업에 참고할 만한 홈페이지 양식이나 스타일 등을 미리 준비해 제시해야 한다는 것이다. 회의 이후에는 홈페이지 개선 계획 작성을 위한 회의와 홈페이지 개선 일정을 정하기 위한 회의가 후속으로 열릴 예정이다.

다음으로 계획 입안 회의의 사례를 보자. 이 회의의 목적은 사옥 내 자판기 교체를 위한 아이디어 수합과 새로운 자판기 기종을 선정하는 것이다. 먼저 회의가 열리게 된 배경으로 자판기를 교체해야 하는 이유를 설명한다.(자판기 이용률이 급속히 감소하고 있다/자판기에 사원들이 원하는 상품이 없어 불만이 고조되고 있다)

계획 입안 회의의 진행 일정은 다음과 같다. 먼저 30분 동안 자판기에서 판매를 원하는 상품과 원하지 않는 상품을 브레인스토밍 등의 방법을 동원하여 목록화한다.(09:00-) 이후 30분 동안에는 자판기에서 구매할 수

계획 입안 회의의 사례: '자판기 교체를 위한 아이디어 회의 및 새 기종 선정'

토의 내용 및 일정

- 09:00 상품 분류: 원하는 상품과 원하지 않는 상품을 목록화
- 09:30 선택할 상품을 최종적으로 선정
- 10:00 선택된 상품을 토대로 기종을 선정
- 11:00 종료

유의 사항

- 사원의 의견을 파악하기 위한 조사를 실시하고 결과를 정리할 것
- 이 건은 이 한 번의 회의로 모든 것이 결정됨

있는 상품을 최종적으로 선정한다.(09:30-) 이어 10시부터는 이 같은 상품을 다루는 자판기의 기종을 검토하고 최종 선택한다. 이 회의에서는 특히 사원들의 자유로운 의견 개진이 중요하다. 따라서 자유로운 분위기에서 브레인스토밍이나 브레인라이팅과 같은 창의적 의견을 내놓을 수 있게 만드는 것이 중요하다. 또한 사전 조사를 실시하고 그 결과를 정리해 이를 미리 파악해두는 것도 필요하다. 아울러 이 회의는 단 한 번으로 모든 것이 결정되기 때문에 최선의 결과를 얻도록 노력해야 한다.

마지막으로 의사 결정 회의이다. 앞서 언급한 바대로 의사 결정 회의는 디베이트 방식으로 진행하는 데 최적의 조건을 갖추었다고 할 수 있다. 이번 회의에서는 회사 소개 팸플릿을 바꾸고자 하는 것을 안건으로 한다. 이 안건을 상정해야 하는 이유는 다음과 같다. 먼저 기존의 팸플릿에서는 이미지가 주를 이루어 구체적인 사업 내용이 전달되지 않는다. 사장의 인사말 등이 너무 딱딱한 이미지를 주고, 첫 제작 이후에 변경된 부서명 등에 교정용 스티커를 붙여 너무 지저분해 보인다는 의견이 있다. 마지막으

의사 결정 회의의 사례: '회사 안내 팸플릿 교체'

토의 내용 및 일정

- 09:00 팀장: 원인 분석
- 09:30 개선 방안 논의
- 10:00 본부장: 방안 실행 계획 책정
- 11:00 종료

유의 사항

- 앞으로 내용이 바뀔 것을 예상하여 '겉장 + 독립된 낱장'을 파일로 만듦
- 내용 면에서 사원 소개나 고객의 목소리 등 활기찬 사내 풍토를 보여줌

로 영업 담당자가 팸플릿 대신 독자적인 자료로 대체해서 활동하기 때문에 기존의 팸플릿은 사실상 무용지물이다. 회의는 문제의식에 대한 찬반 의견이 개진된 후, 팸플릿을 바꾸는 것으로 의사 결정이 내려지면 구체적인 실행 계획을 마련하는 방향으로 진행될 예정이다.

회의의 일정은 다음과 같다. 먼저 관련 팀장이 약 30분에 걸쳐 현 팸플릿이 지닌 문제점과 그 원인에 대해 브리핑한다.(09:00-) 다음 30분 동안 문제에 대한 개선 방안이 논의된다.(09:30-) 10시부터 1시간 동안에는 본부장이 좌장이 되어 새로운 팸플릿 제작을 위한 실행 계획을 구체적으로 마련한다. 향후 제작 진행을 위해서는 다음의 두 가지 점에 유의해야 한다. 첫째 새로운 팸플릿의 경우 제작 후에도 계속 내용이 바뀔 것을 예상해 '겉장 + 독립된 낱장' 형식으로 만들어서 변경된 내용이 수시로 반영될 수 있게 한다. 둘째 내용 면에서 사원 소개나 고객의 목소리 등이 반영되어 활기찬 사내 풍토가 소개되도록 한다.

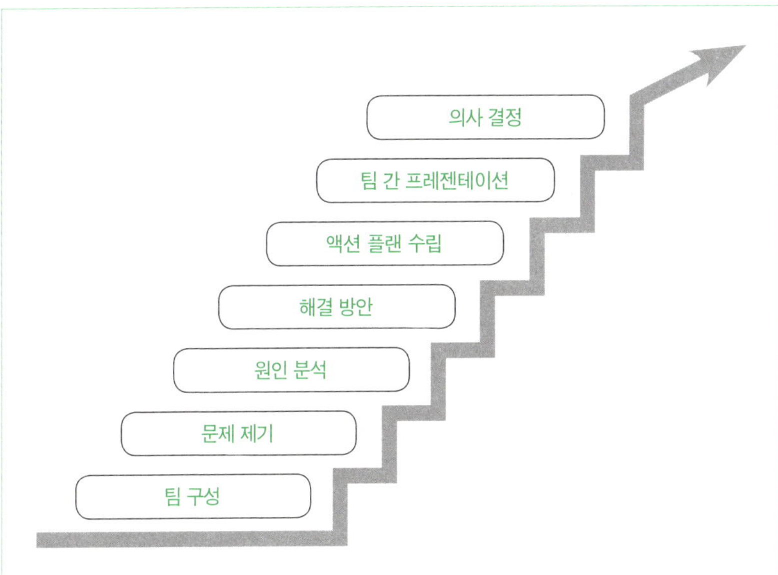

액션 플랜 양식

주제

· Leader.
· Facilitator.
· Member.

· 팀/사업부:

1. 문제점 확인 및 최종 문제점 선정

문제점 → 주요(최종) 문제점 선정

2. 최종 문제점별 원인 분석

원인 분석

근본 원인 도출

3. 주요 원인별 해결안 도출

해결안 도출

최종 해결 방안 도출

4. 액션 플랜

해결 방안	Activities	일정	자원	담당	성과
	1. 2. 3.				

의사 결정 회의처럼 디베이트 방식으로 진행될 수 있는 회의는 기본적으로 총 7개의 과정으로 구성되고 진행된다. 먼저, 어떤 사안을 놓고 두 개 이상의 찬반 팀을 구성한다. 다음으로 이 사안을 찬성하는 팀에서 현 상태의 문제점을 제기하고, 원인에 대한 분석 결과를 함께 제시한다. 문제와 원인이 분석되면, 자동적으로 이 문제에 대한 해결 방안 역시 도출되며, 이 방안이 곧 회의 주제가 된다. 찬성 팀은 이 방안을 실행에 옮길 수 있는 구체적인 액션 플랜을 수립한다. 이제 찬성하는 팀과 반대하는 팀이 서로 자신의 입장에 대해 프레젠테이션한다. 이를 통해 회의 참석자와 리더를 설득시킨 입장이 최종 방안으로 선택된다.

: : 회의 자료 사례

이제 회의 자료를 만들 때 필요한 논리 구성과 목차에 대해 소개하고자 한다. 회의 자료를 작성할 때는 먼저 안건이 회의의 성격에 맞는지 판단해야 한다. 또한 해당 자료로 정해진 시간에 논의할 수 있는지, 또 자료가 회의가 요구하는 구성 요건을 갖추고 있는지 판단해야 한다.

사전 회의 자료에는 대개 회의 목적 배경과 회의 안건 설명, 논의 현황, 쟁점 사항, 향후 추진 계획 등으로 구성된다. 단 정보 공유 회의에서는 전달하고자 하는 내용 항목이 포함되고, 의견 수렴 회의 시에는 논의 목록이나

사전 회의 자료

○○○ 문제 해결 회의

- 회의 목적(배경)
  - 회의 목적
  - 회의 개최 배경 등
- 회의 안건 설명
  - 논의 현황, 쟁점 사항, 향후 추진 계획 등
    정보 공유 회의: 전달하고자 하는 내용
    의견 수렴 회의: 논의 목록, 참고자료 등

회의 결과 자료

> **○○○ 회의 결과**
>
> Ⅰ. 회의 개요
> · 목적 또는 개최 배경
> · 일시 및 장소
> · 안건
> · 참석자: 필요 시 배석자 기록
>
> Ⅱ · 회의 결과
>
> ▣ 안건
> ■ 논의 사항 요지 또는 결정 사항 등을 요약 정리
> ■ 참석자 주요 의견
> *필요 시 이견 등 간략한 발언내용도 기록
> *조치 사항 정리
> *별첨 1. 회의 자료
> 2. 발언 상세 요지(필요 시)

참고 자료 등이 포함될 수 있다.

회의 결과 자료는 회의 개요, 회의 개최 목적(배경), 일시 및 장소, 회의 안건, 회의 참석자, 회의 결과, 안건별 결과 정리, 안건 내용 요지 정리, 논의 사항 요지(또는 결정 사항 요약 정리), 이견이 있는 경우 명시, 조치가 필요한 사항 명시 등으로 구성된다. 그리고 각 안건별로 이 같은 사항을 정리할 필요가 있다.

〈논리개발 7〉

우리 회사 사옥 내에 자동 자판기를 바꾸는 문제와 관련한 회의를 개최하고자 한다. 자판기 기종을 변경하게 된 이유는 '이용률의 급격한 저하' 때문이다. 문제가 발생한 상황은 다음과 같다.

1. 자판기에서 취급하는 상품의 한계

2. 상품 가격이 비교적 비싸다는 문제

3. 사원들의 절약 분위기

4. 잦은 고장과 관리 소홀

이 문제를 다루기 위한 회의를 개최하고자 할 때, 이 회의에 제출할 회의 자료를 작성해보자.

* 모범 답안은 부록(p.255~256) 참조

제6장

회의와 필수 논리 2

01
회의의 필수 논리

: : 문제 제기

디베이트 방식 회의는 앞서 말한 바대로, 크게 문제 제기 - 원인 분석 - 해결 방안 - 액션 플랜 수립의 단계로 진행된다. 회의 단계 중 문제를 제기한다는 것은 문제를 발견한다는 의미인데, 보통은 쟁점이 되는 것을 회의의 의제로 삼는 것을 뜻한다. 먼저 회의의 의제를 통해 회의에서 다루는 필수 논리를 익혀보도록 하자.

회의에서 다룰 수 있는 의제는 크게 세 가지 성격을 지니고 있다. 먼저 사실에 대한 쟁점을 의제로 삼을 수 있다. '자판기에 불만을 가진 사원들이 있는가?', '현재 회사 홍보용 홈페이지에는 어떠한 문제가 있는가?' 등 사실에 대한 인식이나 해석, 진상 등이 논의 대상이다. 회의 유형상 정보공유형 회의의 의제가 여기에 해당된다.

다음으로는 가치에 관한 쟁점을 다루는 의제가 있다. 가치관의 우열이나 현 제도의 존재 가치, 어떤 사물이나 대상이 내포하는 가치 등이 논의 대상이다. '성과주의 평가 시스템이 과연 최선인가?', '임금 피크제는 연공서열의 위반인가?'처럼 가치판단을 쟁점으로 하는 의제가 여기에 해당된다. 이러한 의제는 특히 의견 수렴형 회의에서 주로 다룬다.

마지막으로 정책에 관한 쟁점을 의제로 삼을 수 있다. 조직이 도입하게 될 정책의 우열이나 방향의 올바름 등을 논의 대상으로 하는 경우이다. '시장 정체 현상을 타파하기 위해 신상품을 도입해야 한다', '회사의 이미지 쇄신을 위해 홈페이지를 개편해야 한다'는 식으로, 미래의 정책적 변화를 요구하는 의제가 여기에 해당된다. 이러한 의제들은 주로 문제 해결형 회의에서 다뤄지며, 경우에 따라서는 계획 입안형 회의에서도 다루어질 수 있다.

의제의 네 가지 조건 이 같은 의제 유형 가운데 특히 디베이트식 회의에서 다루어지는 의제에는 남다른 조건이 요구된다. 먼저, 찬반양론이 확실하게 나뉘어야 한다. 찬성이든 반대든 어느 한쪽이 일방적으로 유리하거나 불리한 의제는 적절하지 않다. 예를 들어 '회의에 지각하지 말자'는 의제는 당연히 찬성하는 쪽이 많기 때문에 적절한 의제가 될 수 없다. 다음으로 찬성 혹은 반대 모두 찬성하거나 반대할 만한 합리적인 근거가 있어야 한다. '내일 휴거가 온다'는 의제는 합리적인 논의 대상이 될 수 없기 때문에 적절하지 않다. 또한 모든 의제는 현 상태에서 변화를 지향하는 내용이어야 한다. 예를 들어 이미 8시 출근제를 실시하고 있는 상황에서 '8시 출근제를 시행해야 한다'는 의제는 적절하지 않다. 따라서 모든 의제는 아직 실현되지 않은 변화를 요구하는 방향으로 설정되어야 한다. 마지막으로 찬성 혹은 반대로 양자택일할 수 있는 의제여야 한다. '명예퇴직 제도가

찬반양론이 확실하게 나눠진다

찬반 양쪽 모두 합리적인 근거가 있다

현 상태에서 변화를 지향한다

양자택일할 수 있어야 한다

좋으냐 임금 피크제가 좋으냐'가 의제로 설정되면, 두 제도 모두 도입하자는 입장이 가능하기 때문에 양자택일이 될 수 없다.

회의에서 설정된 의제는 앞서 말한 바와 같이 현재 상태의 변화를 전제로 한다. 따라서 문제를 제기하는 입장에서는 변화가 필요하다는 논리적인 근거를 제시해야 한다. 이를 변화의 명분이라고 한다. '세계시장에서 한국 김치의 시장점유율을 높여야 한다'는 의제로 문제 해결 회의가 열렸다고 하자. 그렇다면 회의를 제안한 팀에서 자신들이 제기한 문제의 심각성, 곧 한국 김치의 시장점유율이 중국, 일본 제품으로 인해 급격하게 하락하고 있음을 입증해야 한다. 이 입증 과정을 통해 명분이 정당화되기 때문이다.

문제 제기

· 심각성: 현재 상태를 바꾸어야 할 정도로 문제가 심각

사례

· 의　제: "세계시장에서 한국 김치의 시장점유율을 높여야 한다."
· 심각성: 한국 김치의 시장점유율이 중국이나 일본 제품으로 인해 급격하게 하락하고 있다

논제의 심각성을 제기하는 다섯 가지 　정책적인 변화의 명분을 정당화하기 위해서는 반드시 변화가 필요할 정도로 현 상태가 심각하다는 것을

입증해야 한다. 이를 논제의 심각성 차원이라고 한다. 문제의 심각성은 크게 다섯 가지 차원에서 제기될 수 있다. 먼저 부정이란 현 상황이 정의에 반하는 결과를 초래하는 경우를 말한다. 청소년 성범죄가 만연하는 이유가 죄에 합당한 벌이 주어지지 않기 때문이라고 본다면, 이 심각한 문제를 해결하기 위해서는 이를 엄벌할 법과 제도를 마련하는 정책적 변화가 필요하다는 것이다. 무용성이란 돈, 시간, 에너지의 낭비가 만연한 경우를 말한다. 4대강 사업에 국민의 세금이 낭비되고 있다고 판단한다면, 이를 폐지해야 할 명분과 정당성이 구축되는 것이다. 위험이란 개인의 생명이나 공공질서가 위협받는 경우로, 성범죄자들이 출소 후 재범할 가능성이 높다면, 이것이 전자발찌나 보호관찰과 같은 대책이 마련되어야 한다는 논리적 근거가 될 수 있다. 부도덕은 도덕에 반하는 경우이다. 낙태로 인한 인명 경시 풍토가 우리의 생명 윤리에 반하는 부도덕한 행위라면 이를 규제해야 할 필요성을 제기하는 동시에 논리적 근거도 제시하는 것이다. 마지막으로 파괴란 환경이나 생명에 해가 되는 경우를 말한다. 지

부정	정의에 반하는 결과를 초래 예) 죄에 합당한 벌이 주어지지 않는다→엄벌해야 한다
무용성	돈, 시간, 에너지의 낭비 예) 국민의 세금이 낭비되고 있다→폐지해야 한다
위험	개인의 생명이나 공공 질서를 위협 예) 출소 후 재범 가능성이 있다→보호 관찰해야 한다
부도덕	도덕에 반함 예) 낙태는 부도덕하다→금지해야 한다
파괴	환경이나 생명에 해가 됨 예) 지구온난화로 남극이 녹고 있다→탄소세를 도입해야 한다

* 출처: 『논리력 트레이닝』, 모테기 히데아키 지음·정선숙 옮김(철학과 현실사, 2005)

구온난화로 남극이 녹고 있는 상태가 심각하다면, 탄소세를 도입하는 등의 방식으로 이를 막기 위한 노력을 기울여야 한다.

: : 원인 분석

문제 제기 이후의 조치는 당연히 문제에 대한 원인을 규명하는 작업이다. 원인 분석은 문제가 발생한 원인이 현재의 정책이나 제도에 있음을 논리를 통해 제시하는 것이다. 이것이 변화의 정당성을 구축하는 명분의 두 번째 차원인 지속성이다. '의제로 설정된 문제가 초래하게 된 원인 중 하나가 기존의 정책이나 제도이다. 정책과 제도가 존재해왔음에도 심각한 문제가 지금까지 지속되었고, 새로운 정책적인 변화 없이는 앞으로도 지속된다'는 게 지속성의 논리이다. 따라서 지속성의 논리는 원인 분석을 입증하는 절차인 셈이다.

회의의 의제는 "세계시장에서 한국 김치의 시장점유율을 높여야 한다"는 것이다. 이는 반드시 점유율을 높여야 할 만큼 세계시장에서 한국 김

원인 분석

· 지속성: 문제의 원인이 현재의 정책으로 인한 것
- 현재의 상태나 정책을 바꾸지 않는 한 문제 해결되지 않음
- 지금까지 여러 처방이나 조치가 효용이 없었음

사례

· 의　제 : "세계시장에서 한국 김치의 시장점유율을 높여야 한다."
· 지속성 : 국내시장 중심의 기존의 김치 산업 육성 정책이 이 같은 문제를 지속적으로 야기시켜옴

치 제품의 문제가 심각하다는 것을 전제로 한다. 이제 이 심각한 문제가 기존의 제도나 정책으로 인한 것이라는 점이 입증되어야 한다. 다시 말해 지속성의 논리 차원에서, 기존 국내시장 중심의 김치 산업 육성 정책이 해외시장의 방관 사태를 지속적으로 야기시켰다는 점을 입증해야 한다. 심각하면서도 지속적인 문제라는 두 가지의 논리가 입증되어야 회의에서 이 의제를 설정하는 근거가 정당화될 수 있다.

- 몇 명이 피해를 보고 있는가?
- 어느 정도의 피해인가?
- 얼마나 낭비되고 있는가?
- 확률은 몇 퍼센트인가?
- 얼마나 급박하게 위험한가?

문제를 제기하는 명분의 하나로서 기존 제도나 정책으로 인해 지속적으로 입고 있는 피해의 정도를 논리적으로 입증하기 위해서는 대개 피해 인원이나 낭비 정도, 재발 확률이나 위험의 긴박성에 대한 양적, 질적인 근거를 제시하면 된다. 우리의 사례에서는 결국 기존의 정책이나 제도로 인한 세계시장 점유율 하락으로 우리 김치 산업이 입게 되는 피해가 어느 정도인지를 입증하는 자료로 지속성을 입증하는 논리적 근거를 제시하면 된다.

: : 해결 방안

다음으로 이 같은 의제를 제안한 팀에서 제시해야 할 필수 논리는 새로운 정책적인 변화로 제기된 문제가 해결될 수 있다는 점이다. 이것이 바로 해결 가능성이다. "세계시장에서 한국 김치의 시장점유율을 높여야 한다"는 의제에서, 기존의 국내시장 중심의 김치 산업 육성 정책으로 인해 해외시장을 방관하는 사태를 지속적으로 야기시켜왔음이 입증되었다. 따라서 내수 중심 정책에 변화를 주어 수출 확대에 목적을 두고 김치 산업 인프라를 정비하는 정책을 도입하면 심각하고도 지속적인 문제가 해결될 수 있다는 점을 입증해야 하는 것이다.

해결 방안

· 해결 가능성: 새 방안으로 문제를 해결할 수 있음

유의 사항

· 수출 확대를 위한 김치 산업 인프라를 정비하는 정책을 도입하게 되면 이러한 심각하고도 지속적인 문제가 해결될 수 있음

다음으로 이 같은 의제를 제안한 팀에서 제시해야 할 필수 논리는 새로운 정책적인 변화로 인해 우리가 얻을 수 있는 이익이 불이익보다 크다는 점이다. 가령 수출 확대를 위한 김치 산업 인프라 정비 정책으로 얻을 수 있는 이익이 현 상태보다 더 많고, 반대로 새로운 정책으로 인해 얻게 되

이익

· 이익 실현: 새 방안으로 변화하면 이익이 불이익보다 많음
→ 변화로 인한 장단점 비교

사례

· 수출 확대를 위한 김치 산업 인프라 정비 정책으로 얻을 수 있는 이익이 현 상태를 유지했을 때 얻게 되는 이익보다 더 크고, 반대로 새로운 정책으로 인해 초래되는 불이익이 현 상태를 유지했을 때 얻게 되는 불이익보다 더 작다면 새로운 정책을 도입해야 할 정당한 근거가 됨

는 불이익이 현재보다 더 적다면 새로운 정책을 도입해야 할 정당한 근거가 되는 것이다. 세계시장에서의 한국 김치 점유율 측면에서 이익의 구체적인 모습들을 제시한다면, 정책적인 변화는 충분히 설득될 수 있다.

: : 액션 플랜

마지막으로 회의에 의제를 제시한 팀은 새로운 방안이 현실적으로 실행 가능하다는 점을 입증해야 한다. 이를 실행 가능성이라고 한다. 아무리 이상적인 방안이라도 이를 실행할 수 있는 주체적 역량과 객관적 여력이 없으면 소용이 없다. 여기서는 세계시장에서 우리 김치의 시장점유율을 높이기 위한 구체적인 조치로서 서구인의 입맛에 맞는 제품을 개발하고, 김치 산업 관리 법규를 정비하며, 수출을 위한 통합 브랜드를 추진하고, 김치 메카로서의 기구를 설립하는 등 구체적인 액션 플랜이 도출될 수 있다.

그렇다면 실행 가능성 여부를 확인하기 위해서는 어떤 사항에 대한 언급과 입증이 필요할까? 인적 물적으로 활용 가능한 자원, 추진 전략과 일

실행 가능

· 실행 가능성: 새 방안이 현실적으로 실행 가능

사례

· 서구인의 입맛에 맞는 제품을 개발
· 김치 산업 관리 법규를 정비
· 수출을 위한 통합 브랜드를 추진
· 김치 메카로서 기구 설립

정, 홍보 계획과 방법, 정책 품질 관리 방법 등이 바로 그것이다.

지금까지 논의된 사항을 정리해보자. 회의에서 어떠한 제안을 하는 사람이나 팀은 자신의 입장을 설득하기 위해 논리적인 근거를 제시해야 한다. 이를 필수 논리라고 한다. 회의에서 정책 제안자의 필수 논리는 크게 문제 제기-원인 분석-해결 방안-실행 방안이라는 네 가지 단계로 진행되어 제시된다. 문제 제기 단계에서는 정책적 변화를 주장할 만큼 상황이 심각하다는 점이 입증이 되어야 한다. 원인 분석 단계에서는 이처럼 심각한 상황의 원인이 지금까지 유지된 기존의 정책이나 제도로 인한 지속적인 문제였음을 입증하는 동시에 새로운 정책으로 변화하지 않으면 이 상황은 미래에도 지속적으로 유지될 수밖에 없다는 점을 입증해야 한다. 해결 방안 단계에서는 자신이 제안한 정책이 제기된 문제를 해결할 수 있다는 점이 입증되어야 한다. 또한 이렇게 새로운 정책으로 변화했을 때 얻을 수 있는 이익의 몫이 변화 시에 초래될 불이익보다 더 크다는 점도 입증되어야 한다. 마지막으로 실행 방안 단계에서는 이 정책을 실천에 옮길 수 있는 주관적, 객관적인 여건이 충분하다는 점이 입증되어야 한다. 아무리 좋은 방안도 실천에 옮길 역량이나 상황이 되지 못한다면 탁상공론에 그칠 수밖에 없기 때문이다.

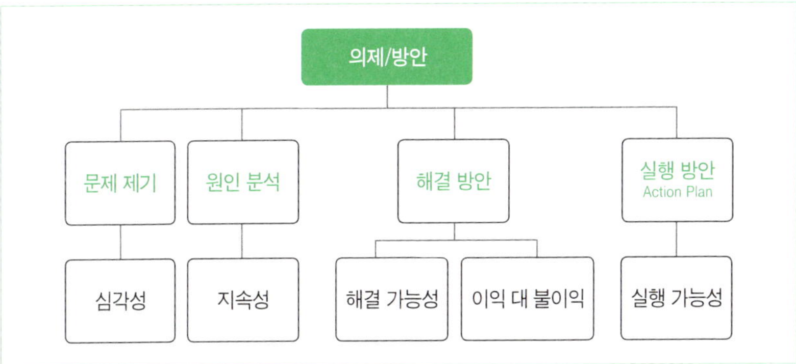

〈논리개발 8〉

우리 회사가 현재 불필요한 회의로 인해 업무의 효율성이 떨어지고, 사업 성과도 좋지 않다는 문제가 제기되고 있다. 이에 따라 '효과적인 회의 운영 방안'을 도출하기 위한 회의를 개최하고자 한다. 이 '문제 해결 회의'에 제시할 회의 자료를 필수 쟁점을 동원하여 작성해보자.

* 모범 답안은 부록(p.257~258) 참조

02
반대의 필수 논리

그렇다면 회의에서 변화를 위한 정책에 반대하는 입장의 사람들이 가지는 필수 논리는 무엇일까. 반대하는 측에서는 크게 세 가지 영역, 곧 변화를 위한 명분 자체에 동의하지 않거나, 방안의 효력에 이의를 제기하거나 정책 변화로 인해 얻을 수 있는 이익의 차원에서 반론을 제기할 수 있다.

: : 변화의 불필요

먼저 변화의 불필요성, 다시 말해 정책 변화의 명분 면에서 정책 반대자는 '현재 상태를 바꿀 필요가 없다'고 주장할 수 있다. 의견에 반대하는 사람은 그 근거로 현 상태가 변화해야 할 만큼 심각하지 않고, 혹 심각한 문제가 있더라도 일시적이거나 우연적이라는 점을 언급한다.

정책을 반대하는 입장에서 제기할 점은 정책 제안팀이 상정한 문제가 어느 정도 심각한지, 어느 정도의 피해가 있는지에 관한 근거를 요구하는

현재 상태를 바꿀 필요가 없음(need not)

- **비심각성** → 현재 상태를 바꿀 만큼 문제가 심각하지 않음
- **비지속성** → 문제가 일시적이거나 우연적인 것

것이다. 이렇게 찬성을 제안한 측에게 입증의 책임을 요구함으로써 반론의 단서를 만들어나간다. 이 과정 속에서 찬성 측의 문제 제기가 그렇게 심각하지 않다는 자료들을 하나하나 점검해볼 수 있다.

변화의 불필요성 제기

- 의문을 던짐
- 데이터를 제시

근거 제시

- 문제의 비심각성
  - 질적인 피해
  - 양적인 손해
- 문제의 비지속성
  - 문제가 일시적이거나 우연적인 것

반론

- 입증 책임을 묻는 것으로서 반론의 단서를 만듦
- 반증함

예를 들어 '세계시장에서 한국 김치의 점유율 하락이 심각하다'는 문제 제기를 찬성 측에서 했다면, 점유율이 어느 정도 하락했는지, 이로 인한 우리 김치 업계의 손실은 어느 정도인지 구체적인 데이터를 요구해, 점유율의 변화가 정말 심각한지 여부를 따져볼 수 있다는 것이다. 나아가 비지속성의 차원에서, 이 같은 하락이 지속적인 문제가 아니라 일시적이거나 우연적인 문제가 아닌지 점검

하고 반론을 제기할 수 있다. 점유율 하락이 올해 배추 작황이 좋지 못해 나타난 일시적인 배추 수급 문제라면, 장기적이고 근본적인 정책 변화까지는 필요하지 않다는 식의 논리개발이 가능하다.

: : 실효성에 대한 회의적인 논지

다음으로 반대 주장자는 정책적 방안 자체의 실효성에 대해 회의적인 논지를 펼칠 수 있다. 제안된 방안으로는 현재 상태의 문제를 변화시킬 수가 없다고 주장하는 것이다.

해결 불가능성 해결 불가능성 차원에서 새 방안은 현재의 심각한 문제를 해결할 수 없다거나, 비록 문제를 해결할 수 있다 하더라도 실행에 옮기는 것이 불가능하다는 논지를 펼칠 수 있다.

다시 말해 정책 반대자는 의제로 제안된 정책이 문제를 초래한 원인 자체를 완전하게 없앨 수 없으며, 하나의 원인을 제거한다 해도 다른 원인이 미해결인 채로 남는다는 점을 입증하면 된다. 나아가 정책이 의도하지

않은 다른 결과를 이끌어 정책안의 효력이 상쇄된다는 점을 어필하는 것도 실효성에 대한 문제 제기의 논리가 될 수 있다.

가령 '세계시장의 한국 김치 수출 확대를 위해 김치 산업 인프라를 정비하자'는 정책을 도입하는 주장에 대해, 김치 산업 인프라 정비가 점유율 하락을 초래한 원인 중 하나인 제품의 질 문제를 완전하게 해결할 수 없고, 인프라가 정비된다 해도 점유율 하락을 초래한 다른 원인, 이를테면 '소 포장 중심의 현 생산방식으로는 대 포장 중심의 수출에는 적합하지 않다'는 문제가 여전히 해결되지 않는다. 더욱이 김치 산업 인프라 정비가 의도하지 않게 국내 소규모 김치 공장들의 경쟁력을 약화시키고 김치 산업의 집중화를 초래하는 부작용이 나타날 수도 있다는 점도 정책 변화를 반대하는 논리로 제시할 수 있다.

실행 불가능성 정책적 방안의 실효성에 대한 두 번째 문제 제기는 실행 가능성에 대한 반론을 제기하는 것이다. 실행 불가능성 여부를 점검하기 위해서는 어떠한 사안을 검토해야 할까?

정책 수행 기관이나 팀은 어디이고 그 권한의 범위는 어디까지인지/ 정책을 수행하는 데 필요한 경비나 재원, 필요 인원은 어느 정도인지/ 정책 시행 시기나 관리 감독의 문제 그리고 시행 위반 시 벌칙 규정의 유무나 정도는 어떠한지/ 정책을 수행하기 위한 기술적인 문제는 없는지/ 새로운 정책이 다른 법률이나 제도와 충돌하지는 않는지 등의 사안들을 철저히 점검해야 한다. 이 사안들은 정책이 시행될 때 수립하는 액션 플랜과 맞물려 있다. 이 가운데 어느 하나에서라도 문제가 발견되면 정책적 변화를 실천에 옮기는 것은 무척 어려운 일이 될 수밖에 없다.

'세계시장의 한국 김치 수출 확대를 위해 김치 산업 인프라를 정비하자'

는 정책을 다시 살펴보자. 먼저 김치 산업 인프라 정비 작업을 수행하는 기관은 어디인지/ 수행 책임 기관의 권한은 어디까지인지/ 정비 작업을 수행하는 데 필요한 예산은 확보되어 있는지/ 투입할 수 있는 인력은 충분한지 등을 검토하고 점검해야 한다. 계획이 아무리 좋아도 예산이나 인력이 없으면 실천에 옮길 수 없기 때문이다. 기간이 길어지면 시장의 혼란이 초래될 수 있으므로, 인프라 정비 기간은 어느 정도로 해야 하는지도 점검되어야 한다. 인프라 정비 정책을 수행하기 위한 기술적인 문제는 없는지 여부도 꼼꼼하게 따져보아야 한다. 마지막으로 인프라 정비로 인해 다른 법률이나 제도와 충돌이 발생하지는 않는지, 예를 들어 시장점유율의 변화로 독과점법에 저촉되는 현상은 없는지 여부에 대해서도 사전에 대비가 필요할 것이다.

이처럼 실행 불가능을 논리로 제시하는 작업은 정책의 액션 플랜과 동전의 앞뒷면처럼 될 수 있다. 반대 논리를 철저하게 제기해야, 이 정책으로 결정되고 실행되었을 때 닥쳐올 어려움을 예방할 수 있다.

: : 정책 변화로 인한 이익의 대조

마지막으로 정책에 반대하는 입장에서는 변화로 초래될 이익과 불이익의 대차대조표를 비교해 현재 상태를 바꾸어서는 안 된다고 주장할 수 있다. 변화의 단점을 입증해, 현재 상태를 찬성 측이 제안한 정책으로 바꾸면 오히려 새로운 심각한 문제가 야기된다고 보는 것이다. 변화로 초래될 이익보다 불이익이 더 크다는 것이 반대 측의 세 번째 필수 논리가 된다.

불이익에 대한 주장의 기본 논리는 세 가지 세부적인 논점으로 나뉜다. 첫째, 새로운 방안으로 오히려 불이익이 발생한다는 점, 둘째, 이렇게 초

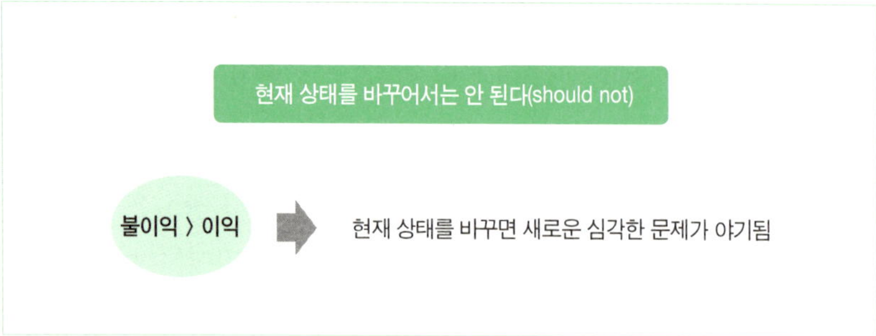

래된 불이익이 양적, 질적인 면에서 심각하다는 점, 셋째, 새로운 정책으로 인한 불이익이 이로 인한 이익보다 크다는 점을 입증하는 것이다.

위의 사례를 계속 제시해보자. 김치 산업 인프라 개선 정책으로 인해 얻을 수 있는 이익보다도 이로 인해 초래될 불이익이 크다면 당연히 이 정책을 받아들일 필요가 없다. 인프라 개선 정책이 김치 제품의 가격을 오히려 인상하는 결과를 낳고, 가격 인상은 세계시장에서의 가격 경쟁력을 떨어트려 중국 제품은 물론 일본 제품과도 경쟁되지 않을 정도로 심각한 문제를 야기하기 때문에 어설픈 인프라 개선 정책을 통한 시장점유율 제고 효과보다 국내 김치 산업의 중심인 중소기업들의 생존이 위협을 받게 되는 불이익이 크다는 점 등을 반대 논리로 제시할 수 있다.

흥미로운 점은 반대가 제기하는 불이익의 논리들은, 이 정책이 반대를 무릅쓰고 실행되었을 때 미래에 제기될 수 있는 변화를 위한 명분, 즉 새로운 정책적 변화를 찬성하기 위한 심각성의 논리와 같다는 점이다. 찬성과 반대의 논리가 정책적 변화 이전과 이후의 시간 차를 두고 이처럼 동전의 앞뒷면처럼 맞물려 있음을 알 수 있는 대목이다.

지금까지 논의된 사항을 정리해보자. 회의에 등장한 제안에 반대하는 사람 역시 자신의 입장을 피력하기 위해 논리적인 근거를 제시해야 한다. 이를 반대자의 필수 논리라고 한다. 회의에서 정책 반대자의 필수 논리는

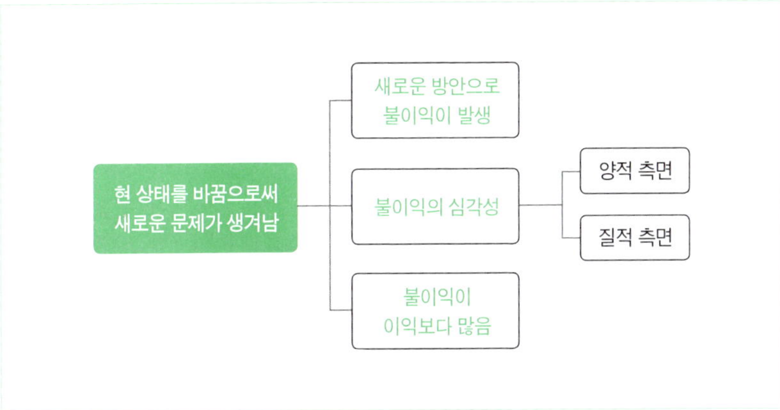

정책적 변화의 불필요성, 비실효성, 불이익의 차원 등 크게 세 가지 차원으로 구성되어 있다. 현재의 상황 자체가 변화를 해야 할 명분과 정당성이 없다는 점을 문제의 비심각성과 비지속성 차원으로 입증해야 한다. 또한 상대가 제기한 정책 방안이 제기된 문제를 해결할 수 없고 또 실천에 옮길 수도 없다는 점을 증명해야 한다. 마지막으로 이 같은 정책적 변화가 초래할 이익보다 오히려 이로 인한 불이익이 더 크다는 점도 입증해야 한다. 이 세 가지 차원의 반대 논리가 설득력을 얻게 되면 회의에서 논의된 정책은 받아들여질 가능성이 없다.

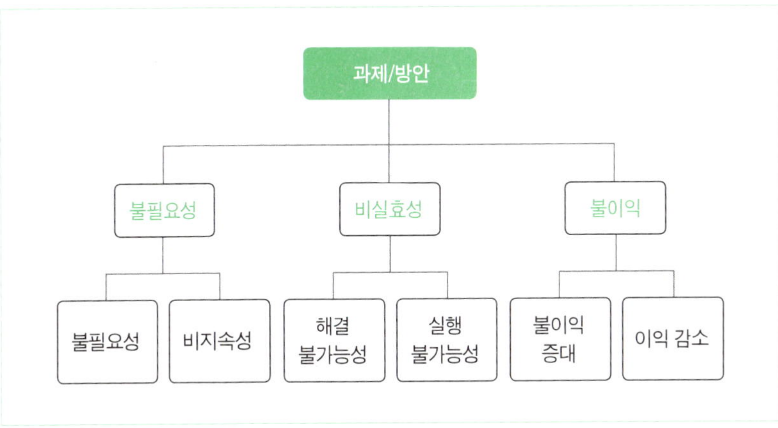

〈논리개발 9〉

현재 아파트를 건설하고 있는 우리 회사가 다음과 같은 문제로 인해 '브랜드명'을 바꾸려는 계획을 추진 중이다. 회사가 추진하고 있는 이 방안을 반대하기 위한 논리를 아래의 문제점과 상황에 대한 정보를 중심으로 정리해보자.

1. 2000년대 초반까지는 강력한 브랜드 파워가 있었으나, 현재는 아파트 건설사 중 빅 5에도 들지 못함
2. 삼성, 현대, GS와 같은 모기업의 후광효과가 떨어짐
3. 랜드마크가 될 만한 노른자위 지역 단지가 상대적으로 부족함
4. 일관된 이미지 창출 실패
5. 설계, 자재, 인테리어, 조경, 서비스 등 모든 부분에서 여전히 선구적인 기술과 아이디어를 가지고 있어서 기술력에 있어서는 경쟁력이 있음
6. 소비자가 아파트 브랜드에 기대하는 근본적인 needs인 고급감이나 허영심과는 거리가 먼 fact 위주로 커뮤니케이션을 해옴
7. 아파트 본질의 의미를 살리기 위해 사치스러운 외장이나 디자인보다는 실제 삶과 생활에 도움을 주는 부분에 집중 투자해옴

〈반대 논리의 구성 목차〉

1) 추진 중인 브랜드명 변경 사안과 관련한 정보의 종합적인 정리

2) 현재 상태를 바꿀 필요가 없다
A. 비심각성
B. 비지속성

3) 현재 상태를 바꿀 수 없다
A. 새 방안은 문제를 해결할 수 없다
B. 새 방안은 실행에 옮길 수 없다

4) 현재 상태를 바꾸어서는 안 된다
A. 이 방안으로 얻을 이익 대비
B. 이 방안으로 야기될 불이익의 대차대조표에서 심각한 불이익이 예상

* 모범 답안은 부록(p.259~260) 참조

제7장

보고와 필수 논리 1

01 보고의 중요성

실용 업무에서 논리적인 보고 능력을 갖추는 것이 지니는 의미는 크다. 논리적인 보고 능력은 효율적인 소통을 기반으로 조직의 생산성 향상은 물론 우리 사회의 창의적 혁신에도 큰 도움이 된다.

앞서 직장인들이 업무와 관련된 글쓰기에서 가장 중요하게 생각하는 능력을 논리력이라고 평가한 설문 조사 결과에서도 논리적인 보고 능력의 중요성은 이미 확인된 바 있다. 또한 직장인들이 가장 어렵게 생각하는 문서 작업이 제안서나 기획서, 보고서 등인 것으로 나타나, 실용 업무에서 논리적인 문서를 작성하는 데 많은 고충이 있음을 알 수 있다.

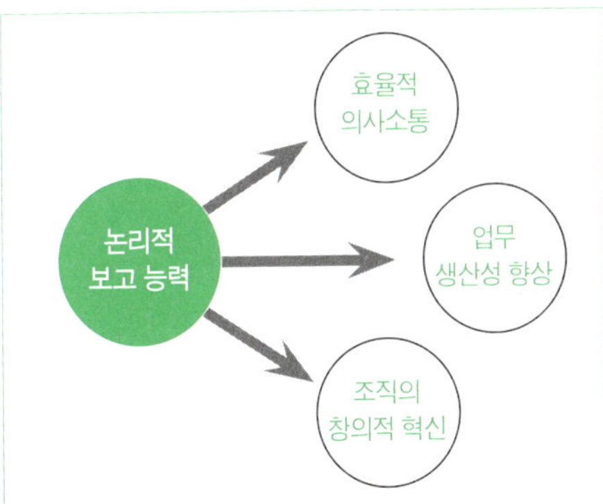

일반 업무 체계에서 문제가 있다는 평가를 받는 보고서의

글쓰기 가장 어려운 문서는?

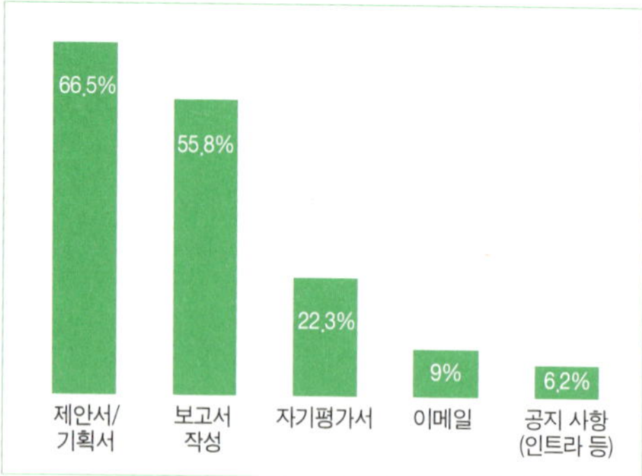

특징을 네 가지로 정리하면, 첫째, 보고서의 기본 틀이 없다는 것, 둘째, 보고서 내용이 장황하고 초점이 없다는 것, 셋째, 보고서를 읽을수록 오히려 궁금증만 생긴다는 것, 마지막으로 보고서에 근본적인 문제의식이 보이지 않는다는 것이다. 결국 이 모두 보고서가 갖추어야 할 필수 논리가 빠져 있는 데에서 비롯된 것이다.

그렇다면 칭찬 받는 보고서들은 어떤 특성을 가지고 있을까.

첫 번째 특성은 보고서에서 이슈를 정확히 추출할 수 있다는 것이다. 보고서에서 전달하고자 하는 메시지가 무엇인지, 실용 논리에서는 '주장'이 무엇인지 명확하다는 의미이다. 두 번째 특성은 보고서의 대상이 누구인지를 먼저 생각할 수 있다는 것이다. 보고서의 대상이 조직의 상사인지, 거래 업체인지 아니면 관공서인지 등에 따라 보고서의 표현, 메시지 전달 방식 등이 달라질 수 있기 때문이다. 세 번째 특성은 무엇보다도 과학적이고 체계적인 보고가 이루어진다는 것이다. 먼저 현 상황을 냉정하고 객관적으로 분석해 문제와 원인을 언급한다. 이로써 새로운 정책적 방향 설정이 필요한 이유가 제시되고 근거가 마련되는 것이다. 결과적으로 이와 관련해 의미 있는 대안들이 제시되고 각각의 장단점과 기대 효과, 문제점을 철저히 검토하고 토론하게 된다. 보고서에서 강하게 자신의 주장을 내세운다 해도 일방적인 형태를 띠게 되면 의사 결정자가 종합적인 판단을 내리는 데 어려움이 따른다.

정보나 회의용 보고서의 경우에는 쟁점의 찬반 양면에 관한 모든 근거와 자료를 종합적으로 제시해 토의를 통해 올바른 결론이 유도될 수 있도록 구성하는 것이 좋다. 반면 정책 제안이나 기획서, 제안서 등의 경우는 보고의 결론이 명확하게 제시되어야 한다.

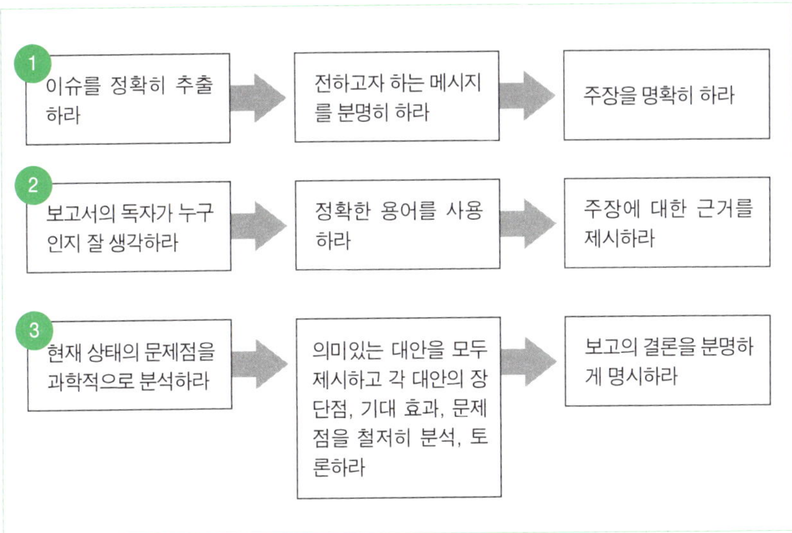

02
보고서의 필수 논리

보고자가 보고서를 통해 입증해야 할 사항은 크게 문제 제기-원인 분석-대안 모색-과제 설정으로 정리할 수 있다. 이 네 가지가 바로 보고서의 필수 논리이다.

문제 제기는 조직이 설정한 (미래의) 목표와 현재의 좌표 사이의 차이에 대한 문제의식을 말한다. 조직이 설정한 (미래의) 목표에 도달하는 데 현 상태가 만족할 만하지 않거나 현재 상태로 진행되면 (미래의) 목표에 도달할 가능성이 어렵다는 판단이 들면, 현 상황에 대해 문제를 제기하게 된다. 이 대목에서 보고서는 목표에 견주어봤을 때 현 상태가 변화가 반드시 필요할 만큼 심각한 문제를 안

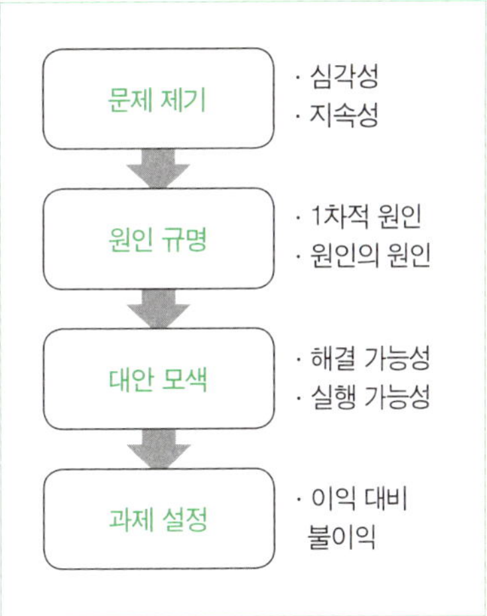

고 있으며, 이것이 일시적이거나 우연적인 것이 아니라 지속적으로 나타나는 문제라는 것을 입증해야 한다. 심각성과 지속성, 이 두 가지 사항을 점검하는 것이 정책 변화의 명분을 구축하기 위한 논리적 정당화 작업이 된다.

원인 분석은 문제의 본질을 규명하는, 즉 문제를 초래한 여러 가지 원인에 대해 분석하는 과정이다. 문제의 원인을 1차적으로 찾고 해당 원인에 대한 깊이 있는 분석을 통해 '원인의 원인'을 파고드는 절차를 거친다. 대개 1차적 원인은 문제의 지속성을 담보하는 기존 정책에서 찾게 되며, '원인의 원인'은 바로 이러한 문제 자체의 본질적인 원인이 되는 것이다. 이처럼 과학적인 검증 과정을 통해, 현재와 같은 정책 하에서는 이 원인을 미연에 방지할 방안이 없다는 점을 입증하고(지속성), 새로운 방안의 도입 등 정책의 변화가 불가피하다는 논리를 개발하는 것이다.(대안 모색)

대안 모색은 새로운 대안을 모색해 문제를 해결할 다양한 가능성을 찾는 과정이다. 새로운 방안들은 주어진 문제를 해결할 수 있을 뿐만 아니라 주어진 조직의 역량으로 실천에 옮길 수 있는 방안이어야 한다. 즉 해결 가능성과 실행 가능성이라는 두 가지 요건을 충족하는 여러 대안들을 놓고 심사숙고하는 과정인 것이다. 대안 각각의 장단점 비교는 물론, 정책의 결과로 나타나는 이익, 불이익 대비도 고려되어야 한다.

과제 설정은 다각도로 검토된 대안들 가운데 해결 가능성과 실행 가능성이 가장 크고, 얻을 수 있는 이익의 몫이 가장 큰 대안을 새로운 과제로 설정하게 된다. 이렇게 채택된 과제가 결국 정책 보고서의 핵심적인 메시지이자 주장이 된다.

지금까지 살펴본 바와 같이 보고서의 필수 논리의 구조는 회의에서의 필수 논리와 유사하다. 보고서의 필수 논리에 동원해 활용할 수 있는 기초 논리의 유형을 연결하면 방안 제시의 경우는 프레임, 심각성은 징후 추론, 해결 가능성은 인과 추론, 실행 가능성은 인과 추론, 이익은 인과 추론 등을 활용할 수 있다.

대개 정책은 '무엇이 우리에게 이로운가' 하는 점을 논의의 주제로 삼는, 가장 실용적인 논리 영역이다. 정책 보고에서 활용되는 가장 기본적인 수사기법은 바로 예증법이다. 예증법은 사례를 근거로 제시해 자신의 주장의 정당성을 입증하는 귀납법의 일종이다. 정책에서 예증을 논리의 근거로 활용하는 이유는 정책의 실현은 미래이지만, 정책 결정은 현재 시점에 내려야 하기 때문이다. 따라서 국내외에서 발생한 '과거'의 사례들을 동원하는 것이 현재의 정책적 결정이 초래할 미래의 변화를 시뮬레이션해볼 수 있는 유일한 논리적인 방법이다.

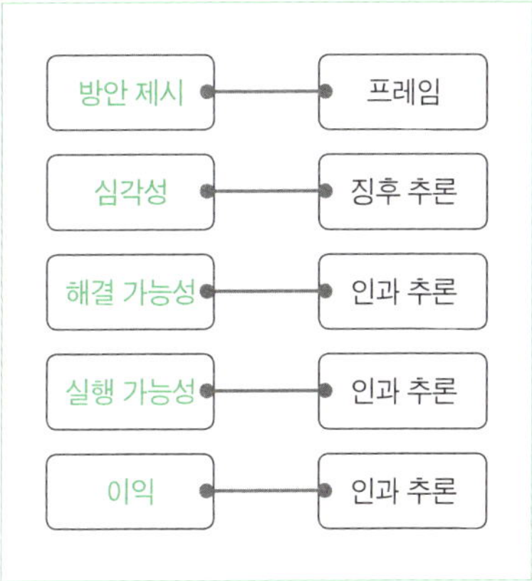

03
논리적인 보고서 쓰는 법

: : 보고서의 구성

모든 논리적인 글의 구성은 서론부-본론부-결론부으로 구성된다. 서론부에서는 글의 도입을 제시하고, 본론부에서는 대립되는 견해를 소개하면서 객관적인 근거를 토대로 주장을 전개해 나가며, 결론부에서 최종 판단을 제시한다. 아리스토텔레스는 『수사학』에서, 정책적인 논의를 하는 숙의적인 장르의 메시지는 서론이나 결론 없이 진술부와 증명부로 메시지를 구성할 수 있다고 전했다. 제시된 주제가 이미 서론의 기능을 하고 있고, 최종적인 판단의 몫은 수용자이기 때문에 결론 없이 쟁점 대립만으로 마무리 지을 수 있다고 본 것이다.

다시 말해 보고서의 주제가 곧 결론이기 때문에 별도의 서문이 필요하지 않고 곧바로 이 같은 결론을 내린 이유에 대해 언급하는 것이 바람직하다는 뜻이다. 숙의적인 영역에서는 정치적인 정책이나 기업 혹은 조직

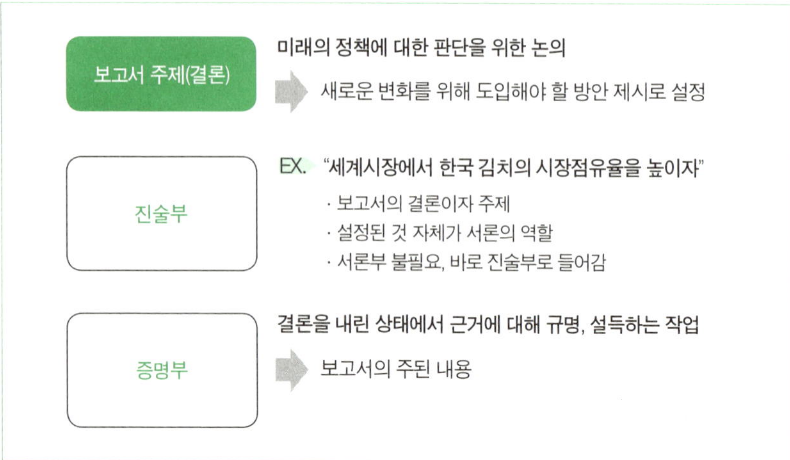

의 의사 결정, 일상 공간에서 벌어지는 모든 판단들을 포함해, 미래의 정책에 대한 논의를 펼친다. 이 같은 논의는 앞서 말한 바대로 현 상태에서의 변화를 전제로 한다. 따라서 보고서의 주제는 새로운 변화를 위해 도입해야 할 방안을 제시하는 것으로 설정된다. 예를 들면 '세계시장에서 한국 김치의 시장점유율을 높이자'라는 회의의 의제는 보고서의 결론이자 주제가 된다. 아리스토텔레스는 주제가 보고서의 제목으로 설정된 것 자체가 서론의 역할을 한다고 보았다. 따라서 보고서에서는 서론부를 제외하고 바로 진술부로 들어갈 수 있다. 결국 이미 결론을 내린 상태에서 이러한 결론을 내린 근거에 대해 규명하고 설득하는 작업을 해나가는 것이 보고서의 주된 내용이 된다.

보고서의 구성 요소: 진술부와 증명부 보고서의 진술부는 새로운 방안을 보고서의 주제가 될 정도로 많은 문제를 초래한, 과거부터 지금까지의 현상에 대해 기술하는 부분이다. 정책적 변화를 주장하는 입장에서는 현재 상태가 지니고 있는 문제점들을 집중적으로 거론해 변화에 대한 명분

을 쌓아야 한다. 심각성과 지속성의 증명을 통해 보고서의 주제 혹은 결론을 논리적으로 정당화하는 단계인 것이다.

보고서의 증명부는 주제로 제안된 결론이나 정책이 심각하고도 지속적인 문제를 해결할 수 있다는 근거를 제시하는 부분으로, 크게 두 단계로 구성된다. 먼저 보고서의 결론으로 제안된 방안이나 정책에 대한 근거를 제시하는 단계가 필요하다. 이 방안이 문제를 실질적으로 해결해낼 수 있을 뿐만 아니라, 정책 결정의 주체나 의사 결정을 내리는 조직 혹은 기업이 이 방안을 '실천'에 옮길 수 있다는 점이 입증되어야 한다. 이를 해결 가능성과 실현 가능성이라고 말하는데 이 부분 역시 앞 챕터에서 언급한 바 있다. 해결 가능성이란 지속적이고 심각한 문제를 보고서에서 제안한 정책적 결론으로 풀어낼 수 있음을 뜻하며, 실현 가능성이란 정책과 방안을 실행에 옮길 주체의 실천 능력이 있고, 객관적인 상황이 충분히 가능함을 의미한다. 다음으로 보고서에서는 새로운 정책으로 인해 얻을 수 있는 이익에 대한 근거를 제시하는 단계가 필요하다. 보고서에서 주제로 제시한 정책이나 방안을 통해 얻을 수 있는 이익이 새로운 변화로 인해 초래될 수 있는 불이익보다 더 크다는 점을 입증하는 것이다.

증명부는 보고서에서 제시한 정책적 주장에 대한 근거를 제시하는 과정이기도 하지만, 이에 반대하는 목소리를 체계적으로 반박하는 과정이기도 하다. 반박 역시 증거의 일종이기 때문에, 보고서에서는 먼저 자신의 주장에 대한 근거를 제시한 다음에 상대 반론에 대한 반박이 이루어져야 한다. 반대론을 소개할 때 자기 논리의 비교 우위를 서술하거나 구체적인 사례 혹은 데이터를 끼워넣는다. 이처럼 주장만을 일방적으로 제시하는 것이 아니라 반대 주장도 제시하면서 이를 반박하는 형태로 증명하는 작업을 양면적인(two-sided) 메시지 작성이라고 한다. 보고서처럼 이성적이고 논리적인 글에서는 양면 메시지 전략이 일면적인(one-sided) 메시지보다 더 효과적이다.

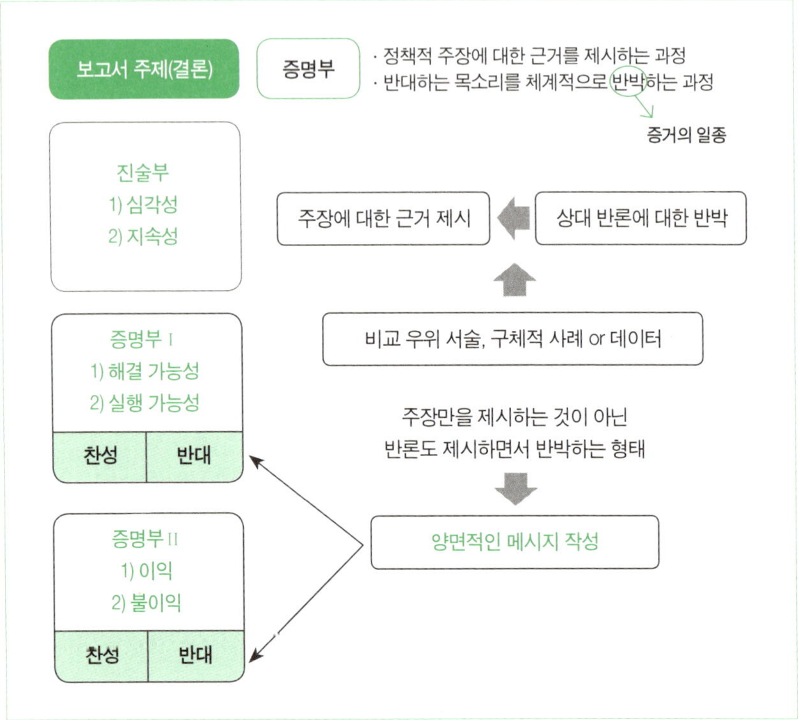

'한국은행은 금리를 인상해야 한다'는 주제로 보고서를 작성한다고 가정해보자. 이 주제는 보고서의 주장이자 결론이다. 진술부에서는 보고서에서 제시한 정책적 주장에 대한 근거를 크게 두 가지로 제시한다. 즉 저금리 정책으로 개인소득이 저하되고 연금 생활자의 수입이 악화되고 있다는 점과 저금리로 인해 기업들의 운영난으로 경영 악화가 지속되고 있다는 점이다. 이 두 가지는 새로운 정책, 즉 금리 인상을 해야 하는 명분이자 정당성으로, 상황의 심각성과 지속성의 근거들이다.

다음으로 증명부 I 에서는 금리 인상으로 지금의 상황이 변화될 수 있다는 것을 입증한다. 즉 금리 인상으로 가정에서 기업으로의 소득 이전 효과는 물론 경제 구조의 개혁도 이루어질 수 있기 때문에, 경제 활성화에 도움이 된다는 점을 밝히는 것이다. 그리고 금리 인상으로 유동자금이 풍부한 소수의 재벌에게만 혜택이 돌아갈 것이라는 반박도 함께 밝힌다. 그러나 이 반론은 재벌들이 초저금리 혜택을 더 많이 받고 있는 현실에 관한 데이터를 통해 재반박됨으로써 금리 인상이 문제를 해결할 수 있다는 논리를 더욱 강화한다.

마지막으로 증명부 II에서는 금리 인상으로 초래될 경제 구조 개혁에서 얻는 이익이 관치금융의 한계를 벗어나지 못한 금융 정책이 주는 불이익보다 더 크기 때문에 금리 인상을 단행해야 한다는 논리를 최종적으로 보강해준다. 이와 같은 구조는 보고서의 설득력을 배가시킨다. 아울러 보고서의 입장과 반대되는 관점도 제시하고 이를 보고서 내에서 재반박하는 과정은 보고서가 주장하는 바의 논리적인 타당성을 높이는 결과를 준다.

보고서의 논리 구성 이제 지금까지 살펴본 진술부와 증명부라는 보고서의 두 가지 구성 요소를 활용해 하나의 보고서가 갖추어야 할 전체적인 논리 구성을 정리해보자. 먼저 진술부에서는 문제, 곧 현상과 목표 사이의 간극을 파악해야 한다. 여기서 문제의 심각성을 제시한다. 다음 현상 인식 단계에서는 정확한 수치로 승부해야 한다. 제기된 문제에 관한 근거를 구체적이고 실증적으로 제시해야 함을 의미한다. 환경 분석 단계에서는 문제가 제기된 원인과 배경을 찾아야 한다. 1차적인 원인은 기존의 정책이나 제도, 관행 등에 기인했음을 밝히는 데 있다는 점에서 지속성의 차원이다. 나아가 이 같은 '원인의 원인'에 대한 과학적 분석과 규명 결과가 제시되어야 한다.

이후 증명부에서는 해결 방안이 제시되어야 한다. 여기서는 개선 대책을 제시하는 동시에, 제시된 새로운 정책이나 방안이 심각하고 지속적인 해결할 수 있음을 밝힌다. 나아가 이 같은 문제를 초래한 궁극적인 원인을 제거함으로서 이 문제가 비로소 해결될 수 있다는 점 역시 밝혀져야 한다. 다음 실행 계획 단계에서는 정책을 실천에 옮기는 구체적인 타임테이블을 그려야 한다. 제시된 새로운 정책이나 방안을 실행에 옮기는 과정과 절차를 구체적으로 수립하는 대목이다. 마지막으로 기대 효과 단계에서는 새로운 정책으로 최대한의 시너지 효과를 낼 수 있다는 점을 보여주어야 한다. 새로운 정책이나 방안으로 인해 얻게 될 이익을 가시적으로 보여주는 단계이다.

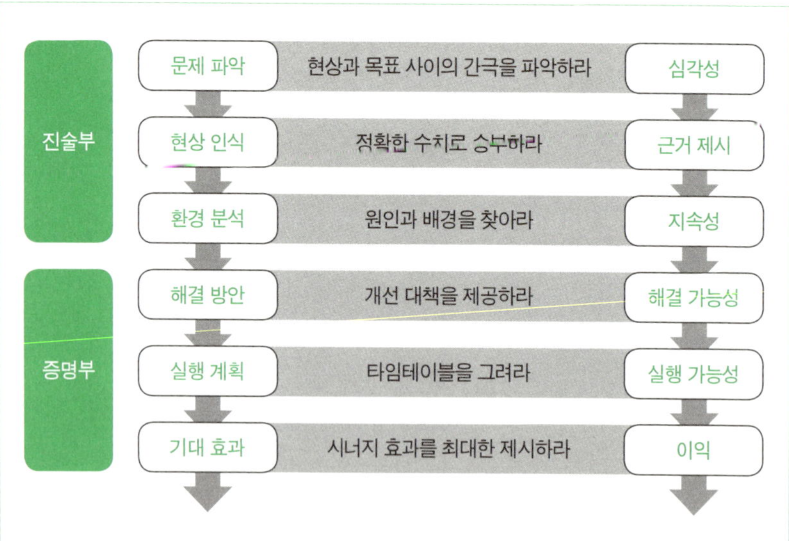

이 같은 보고서의 논리적 구성을 앞에서 배운 바 있는 기초 논리와 연결해보자. 대개 진술부에서는 문제에 대한 현상적 인식과 이 문제를 초래

한 원인에 대한 규명이 이루어진다. 먼저 문제에 대한 현상적 인식은 징후적 차원에서 접근될 수 있는 가능성이 크다. 마치 사람이 병에 걸리면 열이 나듯 문제가 있다는 것이 다양한 '증상'을 통해 드러나기 때문이다. 이 증상을 포착한 후 이를 바로잡지 않으면 무언가 심각한 결과를 초래할 수 있겠다는 자각이 생기면, 바로 '심각성'의 차원에서 문제를 제기하는 논리가 제기될 수 있는 것이다.

이처럼 진술부 초기에는 징후적 추론이 주된 논리의 유형을 차지한다면, 제시된 문제의 원인을 규명하는 작업은 철저하게 인과의 논리를 따르게 된다. 결과로서 나타난 증상의 원인들을 과학적이고 체계적으로 추론해서 분석해나가게 되는 것이다. 원인에 대한 규명이 어느 정도 이루어지게 되면 새로운 변화를 위한 정책을 제시하게 된다. 이때에는 개별 사례들을 국내외 유사한 경우들과 비교하면서 보편적인 결론을 내리게 되는 일반화의 논리가 동원된다.

정책으로 일반화된 주장의 타당성을 점검하는 절차는 연역적 분류화의 과정이다. 즉 정책으로의 전환이 정당하다는 것을 적용할 수 있는 다양한 사례를 통해 입증하는 절차가 진행되는 것이다. 따라서 증명부 전체 논리는 정책으로 제시된 주장의 보편타당함을 입증하는 연역의 분류 논리에 다름 아니다.

반면 구체적인 증명의 과정에서는 사례 중심의 비교의 추론이 동원된다. 예를 들어 해결 가능성을 점검하기 위해 해외에서의 유사 사례를 제시한다면 예증법과 같이 동일한 차원의 닮은꼴 추론이 이루어진 것이다. 구체적인 실행 계획을 세우거나 우리가 얻을 수 있는 이익을 제시하는 방식 역시 닮은꼴 추론에 입각한 비교의 논리가 동원될 수 있다. 선행한 주변의 사례에서 보여준 가시적인 이익의 몫을 직접 비교하는 것이야말로 가장 효과적인 설득 논리이기 때문이다. 이 점에서 증명부는 비교 추론 가운데 특히 닮은꼴 추론이 많이 동원되는 파트라고 할 수 있다. 반면 보고서의 제목이나 정책의 구호는 상징적이고 압축적으로 제시될 때 그 울림이 남다를 수 있다. 이때에는 프레임과 같은 은유적 추론을 동원하는 것이 훨씬 효과적이다.

: : 보고서의 기본 목차

보고 개요 이제 앞서 살펴본 논리 단계로 구성된 실제 보고서의 목차를 예로 들어보자. 먼저 전체 보고를 한눈에 요약해 파악할 수 있는 보고 개요가 있어야 한다. 보고 개요는 의사 결정자들이 이 개요만으로도 보고서의 핵심논리를 파악할 수 있도록 정리하는 것이 관건이다. 보고 개요에

○○ 사업 기본 계획 보고

■ 보고 개요
- · 보고 목적 및 필요성
  - - ○○○○
- · 진행 경과
  - - ○○○○

■ 현황과 문제점
- · 실태
  - - ○○○○
- · 원인 분석
  - - ○○○○
- · 지금까지의 대응 사례
  - - ○○○○

■ 정책 수단과 대안
- · 정책의 대상과 소요 자원
  - - ○○○○
- · 정책 대안
  - - ○○○○
- · 예상 효과
  - - ○○○○

■ 추진 계획
- · 정책 집행 계획
  - - ○○○○
- · 정책 홍보 관리 계획
  - - ○○○○
- · 정책 품질 관리 계획
  - - ○○○○

■ 건의 및 제안
- - ○○○○

서는 보고의 목적이 명확한지(이 보고서가 문제를 제기하려는 목적의식이 무엇인지, 왜 이러한 보고서가 필요한지) 그리고 진행 경과가 잘 정리되어 있는지(지금까지의 보고서 작성 과정에 대한 개략적인 소개)가 핵심이다.

본문 본문은 현황과 문제점, 정책 수단과 대안, 추진 계획 및 건의로 구성된다. 여기서 현황과 문제점 부분은 필수 논리 가운데 문제 제기 및 원인 분석에 해당하고, 정책 수단과 대안 부분은 대안 모색과 과제 설정에 해당한다. 이 두 부분이 모든 정책 보고서의 핵심 메시지에 해당된다. 마지막으로 추진 계획 및 건의 부분은 필수 논리에서 실행 가능성과 연관되며, 실행 계획을 세우는 데 있어서 일정을 잡고 의견을 제시하는 부분이다.

○○ 사업 기본 계획 보고

■ 보고 개요
· 보고 목적 및 필요성

문제 제기 및 원인 분석에 해당

■ 현황과 문제점
· 실태
- ○○○○
· 원인 분석

대안 모색과 과제 설정에 해당

■ 정책 수단과 대안
· 정책의 대상과 소요 자원
- ○○○○
· 정책 대안
- ○○○○

· 예상 효과
- ○○○○

일정을 잡고 의견을 제시하는 부분 (실행 가능성)

■ 추진 계획
· 정책 집행 계획
- ○○○○
· 정책 홍보 관리 계획
- ○○○○
· 정책 품질 관리 계획
- ○○○○

■ 건의 및 제안
- ○○○○

* 출처: 『대통령 비서실 보고서』, 노무현대통령비서실 보고서품질향상연구팀(위즈덤하우스, 2007)

현황과 문제점 현황과 문제점 단계에서는 다음의 네 가지 요소들을 다룬다.

①문제의 현황과 실태는 어떠한가: 필수 논리 가운데 심각성에 해당하며, 이러한 문제 제기로 정책적 주장의 명분을 쌓게 된다.

②문제의 원인은 무엇인가: 필수 논리 가운데 지속성에 해당하며, 심각한 문제의 원인이 기존의 정책이나 제도에서 기인했기 때문에, 이를 바꾸지 않는 한 문제점은 지속적으로 유지되리라는 점을 밝혀야 한다.

③지금까지 우리(정부나 기업)는 어떻게 대응해 왔는가: 기존 대응책의 한계를 검토하는 동시에 지속성의 하위 파트이기도 하다.

④국내외 유사 사례 등 참고 자료는 제시되었는가: 국내외 유사 사례를 비교해, 예증법을 활용하여 변화의 명분과 당위성을 모색한다. 특히 '외국에서 이렇게 바꿨더니 어떤 결과가 나왔더라'는 식으로 닮은꼴 추론을 동원하면, 정책적인 변화를 위한 시뮬레이션 논리가 되어 구체적이고 설득력 높은 보고가 될 수 있다.

1	문제의 현황과 실태는 어떠한가?	심각성
2	문제의 원인은 무엇인가?	지속성
3	지금까지 우리(성부나 기업)는 어떻게 대응해 왔는가?	지속성
4	국내외 유사 사례 등 참고자료는 제시되었는가?	대안 모색

정책 수단과 대안 다음으로 명확한 정책 대상이 결정되었는지 여부가 여기에서 다루어진다. 이는 문제의 범위와 해결을 위해 동원해야 할 자원의 규모를 미리 예상해보는 부분이다. 이어 가장 중요한 정책적 대안들을

놓고 심사숙고하는 부분이 등장한다. 이 단계는 특히 문제를 해결할 수 있다고 기대되는 다양한 정책적 대안을 놓고 기대 효과를 점검함으로써 가장 최적의 대안을 찾는 논리적인 과정이다. 이때 최적의 대안이란 공리주의적 관점에서 '최대 다수의 최대 행복'을 보장할 수 있는 이익의 몫이 '어떤 정책이 더 큰가' 여부에 따라 결정된다.

추진 계획 및 건의 문제 해결을 위한 최적의 방안을 찾았다면 이제 선택된 방안을 놓고 구체적인 액션 플랜을 짜는 단계이다. 추진 계획에는 인적, 물적 자원 활용 계획은 포함되었는지/ 향후 추진 전략과 추진 일정표가 제시되었는지/ 정책 홍보 계획과 방법이 제시되었는지/ 정책 점검과 평가 계획 등 정책 품질 관리 방법이 제시되었는지 등의 사항들이 논의되어야 한다. 마지막으로 건의 및 제안 사항에서는 정책 수요자에게 건의나 제안하고 싶은 사항을 요약한다.

○○ 사업 기본 계획 보고

■ 보고 개요
· 보고 목적 및 필요성
- ○○○○
· 진행 경과
- ○○○○

■ 현황과 문제점
· 실태
- ○○○○
· 원인 분석
- ○○○○
· 지금까지의 대응
- ○○○○

■ 정책 수단과 대안
· 정책의 대상과 소
- ○○○○
· 정책 대안
- ○○○○
· 예상 효과
- ○○○○

■ 추진 계획
· 정책 집행 계획
- ○○○○
· 정책 홍보 관리 계획
- ○○○○
· 정책 품질 관리 계획
- ○○○○

· 인적 물적 자원 활용 계획은 포함되었는가?
· 향후 추진 전략과 추진 일정표가 제시되었는가?
· 정책 홍보 계획과 방법이 제시되었는가?
· 정책 점검과 평가 계획 등 정책 품질 관리 방법이 제시되었는가?

〈논리개발 10〉

회사 내 의사소통 부족 상황을 개선하기 위해 소집된 회의에서 아래와 같은 회의 자료가 제시되었다. 이 자료를 기반으로 하되, 필수 쟁점을 동원하여 보다 체계적인 보고 자료를 만들어보자. 이때 이 같은 방안을 세우게 된 이유를 명분과 방안의 필수 논리를 동원하여 제시하여야 한다.

조직 내 의사소통 부족 개선 방안

1. **목적**: 스피디한 조직 변화로 전사적 위기 극복 시스템을 구축하자

2. 문제

① 조직 내 지나친 경쟁 구조로 인한 대화 부족
- 부서 간 이기주의 및 커뮤니케이션 부족
- 전사 목표 〈 팀 목표 〈 개인 목표 중시
- 과잉 목표 설정

② 수직적 의사소통 부족
- 업무 노하우 전수 부족
- 주요 경영 현황 및 리스크 공유 부족
- 주요 의사결정 시 하위 직급의 의견 배제

③ 수평적 의사소통 부족
- 따라가는 문화
- 몰개성화 경향
- 패거리 문화(혈연, 학연, 지연 등)

④ 경영진에 대한 신뢰 부족 초래
- 정보 공유 무(無)
- 위기 속에서의 전사적 역량 집중 저해 초래
- 전사적 차원에서의 목표 설정 및 공유 부족

3. 개선 방안

① 사내 평가 제도의 보완

- 평가 방식 변화

② 수평적 대화 조직 구성

- 청년 중역제도 실시
- 경영진과의 간담회 개최
- 본사, 현장 간의 크로스 미팅 실시

③ 신문고 제도 도입

- CEO 블로그에 무기명 핫라인 설치
- 고객, 직원 직접 불만 경청제도 마련

* 모범 답안은 부록 참조 p.261

제8장

보고와 필수 논리 2

01
보고서 작성의 기초

: : 자료 수집

이제 보고서의 필수 논리를 토대로 실제 보고서를 작성하는 데 도움이 되는 내용을 배워보도록 하자. 보고서를 작성하기 위한 첫 번째 활동으로 무엇을 해야 할까? 먼저 주제를 정하고 그 주제에 맞는 자료 수집이 이루어져야 한다. 자료 수집은 보고서 상의 설득력 있는 논리개발을 위한 기초 단계로, 근거 카드에 논점을 추려서 정리한다. 자료 수집 단계 이후에 모아진 자료들을 근거 카드에 정리해두는 습관은 아주 중요하다.

자료 수집 단계에도 핵심 사항이 있다. 반드시 주제와 관련된 정보를 수집해야 한다는 것이다. 그러기 위해서는 문제의식을 기반으로 한 핵심적인 공략이 가능한 조사가 이루어져야 한다. 어떠한 논박에도 대응이 가능한 수집이어야 한다는 의미이다. 또한 다양한 논점에 관한 자료들이 수집되어야 비로소 질 높은 자료를 추출해낼 수 있다.

보고서를 쓰기 위한 첫 단계

자료 수집

· 보고서 상의 설득력 있는 논리개발을 위한 기초 단계
· 근거 카드에 논점 정리

수집한 자료들의 논점을
일목요연하게 정리해두는 훈련이 필요

핵심: 주제와 관련된 정보 수집

· 문제 의식을 토대로 핵심적인 공략 준비
· 모든 논박에 대응이 가능한 자료
· 다양한 논점에 대한 자료 수집

:: 근거 카드

보고서도 하나의 주장이며 모든 주장에는 근거 제시가 필수적이라는 점은 앞에서 충분히 설명되었으리라 본다. 주장과 근거의 이러한 체계적인 연계를 위해 근거 카드를 작성하는 것은 보고서 구성에 큰 도움이 된다. 그렇다면 근거 카드는 무슨 기능을 하는 것일까?

제시된 두 장의 카드를 보자. 보고서의 주장을 지지하는 근거들과 주장에 반대하는 근거들로 구분해 다음 카드들을 정리한다. 각 카드에는 자료 출처를 반드시 밝혀 근거 자료의 신뢰도를 높인다. 또한 일련번호를 근거 카드에 부여하고 순번을 매겨서, 카드의 양이 많아도 쉽게 분류되고 활용될 수 있도록 하는 것이 좋다.

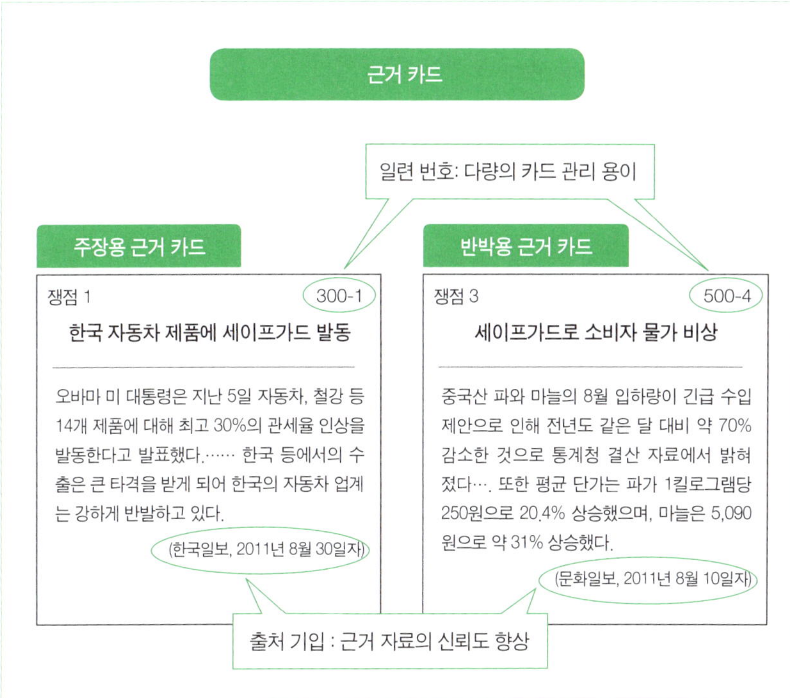

* 출처: 『논리력 트레이닝』, 모테기 히데아키 지음·정선숙 옮김(철학과 현실사, 2005)

: : 보고서의 틀 구성

보고서는 주제 설정-자료 조사-논의 분석-해결안 제시-검증-의사 결정

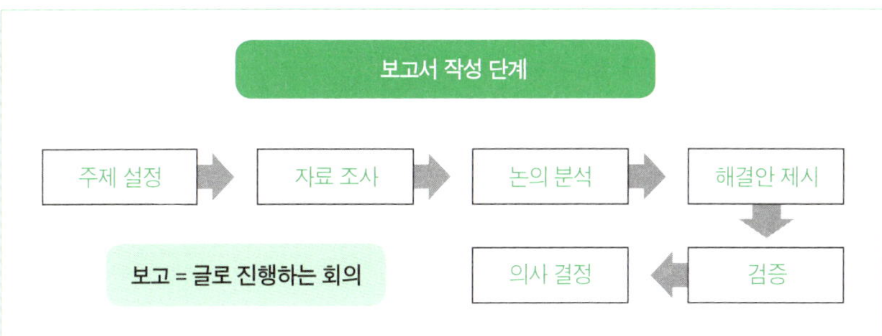

이라는 순서로 작성된다. 이는 앞서 이야기한 회의 절차와도 비슷하다.

이제 보고서 작성의 핵심 포인트를 정리해보자. 아래와 같은 순서로 작성을 준비하고 구성하면 논리적인 보고서를 작성할 수 있다.

결론 제시	결론 먼저 제시 결론 = 보고서의 주장
목표·철학 설정	목표 및 철학 설정 보고서의 목표를 제시하고 달성 여부 및 근본적 이념 등 서술
문제점 분석	현재 상태의 문제점 분석 보고서의 필수 논리는 문제 제기에서부터 시작
방향 제시	보고서가 내세우는 변화의 방향을 제시 새로운 개혁안에 대한 구체적 제시 및 해결 가능성 입증
방향성 평가	제시한 방향 설정 평가 방향 설정에 대한 이익과 장점, 그 의의를 밝힘
검증	반대 입장에서의 자신의 주장 검증 반대 논리를 재반박하는 반증에 대한 시험 진행

먼저 모든 보고서는 제목이 곧 결론이다. 그리고 결론은 보고서의 맨 처음에 제시된다. 두괄식 구조를 지닌다는 것이다. 제목은 앞서 살펴본 디베이트 식 회의에서 어떠한 정책을 놓고 찬성 혹은 반대의 입장을 취하는 각 팀의 논리적 입장과 같다. 디베이트 식 회의에 참석하여 논쟁을 펼치는 찬반 각 팀이 자신의 주장을 담은 각각의 보고서를 준비해서 제출하는 것과 같은 의미가 된다는 뜻이다. 보고서는 각자 자신의 입장을 미리 마련한 글을 통해 보고하는 것이고, 회의에서는 말을 통해 입장이 다른

상대와 겨룬다는 정도의 차이만 있을 뿐이다. 또한 두괄식 구조는 보고를 접한 의사 결정자가 사안의 윤곽을 한눈에 파악하고, 빠르게 판단을 내릴 수 있도록 하는 데 도움이 된다.

다음으로는 이 같은 결론을 내리게 된 배경, 가치 및 철학이 제시될 수 있다. 예를 들어 경쟁의 관점에서는 경쟁 상대를 무너트리는 무자비한 물량 공세가 요구되지만, 공생의 가치에 입각하면 경쟁을 자제하고 더불어 살아가는 쪽으로 모든 정책적 판단을 내려야 하는 것이다. 따라서 모든 결정에는 이 같은 판단에 도달하게 된 '논거'가 있다. 이 같은 '논거'를 드러내는 것이 바로 목표와 철학을 기술하는 단계이다. 대개의 논거가 언표 밑에 잠재되어 드러나지 않듯이, 보고서에서 이 부분 역시 다루지 않는 경우가 많다. 논거에 대해서는 앞서 〈기초 논리 제4장〉에서 상세하게 다룬 바 있다.

문제점 분석은 이 같은 정책적 판단과 결정에 이르게 된 문제와 그 원인을 규명하는 단계이다. '변화의 명분'이라는 차원에서 보고의 필수 논리가 동원되는 대목이다. 심각성과 지속성의 차원에서 논리를 마련하면 된다.

방향 제시는 이 문제를 해결할 수 있는 다양한 대안들을 모색해나가는 단계이다. 여러 방안 가운데 어떤 안이 문제의 '해결 가능성'이 가장 높은지 여부가 판단의 기준이 된다.

방향성 평가는 이렇게 제시된 정책에 대한 성과를 변화로 인해 초래될 이익 vs 불이익의 대차대조표로 점검하고 평가하는 단계이다.

마지막으로 검증은 반대 논리의 입장에서 여러 가지 반증을 제기해보고 이에 대해 재반박하는 단계이다. 일방향적인 보고서에서는 생략될 수 있는 부분이라고 할 수 있다.

이 같은 필수 논리를 동원하여 보고서의 체계를 구축하면 전체적인 틀의 구조가 훨씬 체계적이고 논리적인 모습을 띨 수가 있다.

02
보고서의 유형

: : 정책 보고서

보고서는 정책 보고서, 상황 정보 보고서, 회의 보고서, 행사 보고서 등 네 가지 유형으로 나눌 수 있다. 먼저 정책 보고서는 기업, 정부에서 구상하거나 기획, 추진 중인 정책과 관련된 보고서이다. 네 가지 유형의 보고서 중 가장 기본적이고 중심이 되는 보고서이자, 의사 결정을 위한 보고서라고도 할 수 있다. 기업에서 새로운 사업을 도입하기 위한 검토에 사용되기도 하는 정책 보고서는 세부적으로 다양한 변형이 있을 수 있는데, 크게 문제 해결 보고서와 정책 기획 보고서로 분류가 가능하다.

문제 해결 보고서는 현 상황에서 당면한 문제의 원인을 분석하고 그 해결책을 내놓는 보고서로, 보고서의 필수 논리가 활용되는 가장 기본적인 보고서이다. 정책 기획 보고서는 새로운 정책을 수립하거나 이에 준하는 수준으로 기존 정책을 변경할 때 작성하는 보고서이다. 전략 보고서나 신규 정책 보고서, 과제 제안 보고서 등이 이에 해당한다.

1. 기업이나 정부에서 구상·기획·추진 중인 정책과 관련됨
2. 가장 기본적이고 중심이 되는 보고서
3. 의사 결정을 위한 보고서
4. 기업 ▶ 새로운 사업을 도입하기 위해 검토

문제 해결 보고서	정책 기획 보고서
· 현 상황에서 당면한 문제의 원인 분석 · 해결 방안 모색 · 보고서의 필수 논리가 활용되는 가장 기본적인 유형	· 새로운 정책의 수립 · 이에 준하는 수준으로 기존 정책의 변경을 요할 때 쓰임 · 전략 보고서, 신규 정책 보고서, 과제 제안 보고서

정책 보고서는 보고서의 기본 작성 순서를 목차에 동일하게 사용하고 있다.

○○ 사업 기본 계획 보고

■ 보고 개요
- 보고 목적 및 필요성
- 진행 경과

■ 현황과 문제점
- 실태
- 원인 분석
- 지금까지의 대응 사례

■ 정책 수단과 대안
- 정책의 대상과 소요 자원
- 정책 대안
- 예상 효과

■ 추진 계획
- 정책 집행 계획
- 정책 홍보 관리 계획
- 정책 품질 관리 계획

■ 건의 및 제안

: : 상황 정보 보고서

상황 정보 보고서는 특정 사안에 대해 구체적인 사실관계나 현황 또는 이를 체계적으로 분석한 정보를 담은 보고서로, 직장에서 자주 작성하는 보고서가 이에 해당한다. 이 보고서는 정책 보고서만큼 분량이 길거나 긴 시간을 들이는 것이 아니라 시의적절하게 작성해야 하는 특징을 지니고 있다.

그럼 상황 보고서와 정보 보고서의 차이점은 무엇일까? 상황 보고서는 주안점에 대해 신속하게 처리할 수 있는 반면, 정보 보고서는 주안점을 정확하게 다룰 수 있다. 또 상황 보고서는 한두 장이면 처리가 가능하지만 정보 보고서에서는 두세 장으로 조금 더 많다. 물론 형식적인 측면에서는 두 보고서 모두 엄격하게 다뤄진다는 공통점이 있다. 상황 보고서는 간단해 보이지만 각각의 항목에 중요 사항만을 기입했기 때문에 빠진 사항이 없도록 주의해야 한다.

상황 정보 보고서의 목차는 제목, 도입문, 본문, 결론 순으로 구성된다. 제목의 경우 제목만 보고도 전체 내용을 한눈에 파악할 수 있도록 간결하고 명료하게 핵심 사항을 압축해 작성한다. 도입문은 보고서를 읽는 사람

1. 직장에서 흔히 사용되는 보고서
2. 긴 시간의 투자 없이도 시의적절한 작성 가능
3. 특정 사안에 대한 구체적 사실 관계 또는 현황을 체계적으로 분석

구분	주안점	분량	형식	비고
상황 보고서	신속	1-2매	엄격	시의성
정보 보고서	정확	2-3매	엄격	정책 동향

* 출처: 『대통령 비서실 보고서』, 노무현대통령비서실 보고서품질향상연구팀(위즈덤하우스, 2007)

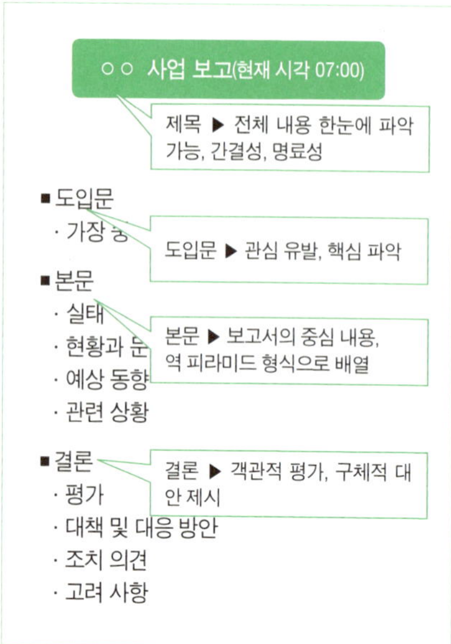

의 관심을 유발하고 재빨리 핵심 내용을 파악할 수 있도록 가장 중요하고 흥미로운 내용을 요약해 기술한다. 본문은 보고서의 중심 내용인 실태, 현황, 문제점, 예상 동향, 관련 사항 등을 기술한다. 본문 작성 시 중요한 점은 역피라미드 형식으로 배치해야 한다는 것이다. 중요도가 높은 사항을 가장 먼저 제시하고 중요도가 떨어지는 순서대로 내용을 배치하는 방식이다. 결론에는 평가, 대책, 대응 방안, 조치 의견, 고려 사항 등을 기술한다. 이 부분은 보고 대상자의 행동을 요구하기 때문에 객관적인 평가와 함께 실현 가능하고 구체적인 대안 제시가 무엇보다 중요하다.

: : 회의 보고서

회의 보고서는 회의와 관련해 작성하는 보고서를 말하는데, 각종 회의에 사용되는 '회의용 자료'도 회의 보고서에 포함된다. 이 보고서는 회의 전과 후에 따라 회의 자료 보고서와 회의 결과 보고서로 구분하기도 한다. 정보 공유, 의견 수렴, 계획 입안, 문제 해결 등 회의의 유형에 따라 보고서의 내용은 달라질 수 있지만, 기본적인 틀은 정책 보고서의 틀과 크게 다르지 않다.

회의 결과 보고서는 회의 후 회의 개요, 일시, 장소, 안건, 참석자, 회의

1. 회의와 관련하여 작성하는 보고서
2. 회의 자료 보고서와 회의 결과 보고서로 구분됨
3. 각종 회의에 사용되는 회의용 자료

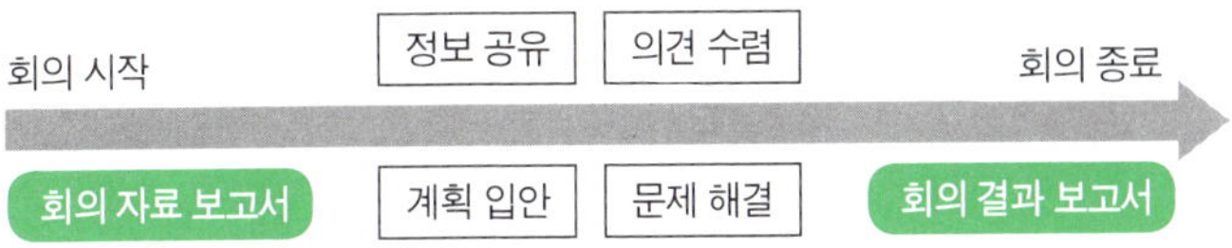

"회의 참석자들 간의 논의 결과를 명확히 정리하여
이를 공유하거나 회의에 참석하지 못한 사람들에게 결과를 알려주기 위함"

* 출처: 『대통령 비서실 보고서』, 노무현대통령비서실 보고서품질향상연구팀(위즈덤하우스, 2007)

에서 논의된 사항과 발언자 등을 결과를 정리한 보고서다. 이러한 결과 보고서는 회의 참석자들 간에 논의된 결과를 명확히 정리해 공유하고, 회의에 참석하지 않은 사람들에게 회의 결과를 알려주기 위해서 작성한다. 물론 자료로 보관하려는 목적도 있다.

회의 자료 보고서의 목차에는 제일 먼저 회의 목적이 기입되어야 한다. 회의의 유형에 따라 내용이 일부 달라진다.

①정보 공유 회의: 정보 공유의 목적, 전달 내용, 향후 활용 방안 등

②의견 수렴 회의: 다양한 아이디어를 수렴하기 위한 분명한 목적과 배경

②-1의사 결정 전 단계로서 의견 수렴을 하는 경우: 현재까지의 논의 현황, 쟁점 사항, 쟁점별 논거 등

③의사 결정 회의: 분명한 쟁점과 논거

회의 결과 보고서에는 먼저 회의 개요에 회의 목적, 회의 일시와 장소, 안건 및 참석자를 기록한다. 회의 결과에서는 논의 및 결정 사항의 요지와 참석자의 발언 내용을 기록한 '회의 발언 요지'를 기록한다. 쟁점 사항에 관한 논쟁이나 다양한 발언을 특별히 남겨야 할 경우 말미에 상세한

'발언록'을 첨부한다.

○○ 회의 자료
■ 회의 목적 배경 · 회의 목적 · 회의 개최 배경 등 ■ 회의 안건 설명 · 정보 공유 회의 시 정보 공유 목적, 전달 내용, 활용 방안 · 의견 수렴 회의 시 논의 목록, 참고 자료 등 · 의사 결정 회의 시 논의 현황, 쟁점 사항, 향후 추진 계획 등

○○ 회의 결과
■ 회의 개요 · 목적 또는 개최 배경 · 일시 및 장소 : · 안건 : · 참석자 : ■ 회의 안건 설명 1. 안건명 · 논의 사항 요지 또는 결정 사항 요약 · 참석자 주요 의견 - 사장(발언 내용 요약) - 팀장 - 과장 발언록

:: 행사 보고서

통상 행사는 공공장소에서 일반 대중을 대상으로 행해진다. 행사 보고서는 더욱 짜임새 있게 행사를 기획하고 철저하게 준비하기 위해 작성한다. 행사 보고서는 행사 기획 보고서와 행사 진행 보고서로 나눠진다. 그럼 두 보고서의 특징에는 어떠한 것이 있을까?

행사 기획 보고서는 행사 개최 여부, 개최 일시와 장소, 행사 목적, 행사 진행에 필요한 구체적인 행사 절차 등을 검토하기 위한 보고서이다. 행사 진행 보고서는 정해진 행사의 틀에 맞도록 행사의 핵심 사항인 '행사 개요'와 행사 주재자가 참고할 '참고 자료'를 보고하기 위한 보고서라 할 수 있다.

"행사=공공장소에서 일반 대중을 상대로 행해지는 행위"

짜임새 있는 기획

철저한 준비

행사 보고서 작성!

행사 기획 보고서

- 행사 개최 여부
- 행사 개최 일시 장소
- 행사 목적
- 행사 진행을 위한 구체적 행사 절차

행사 진행 보고서

- 행사 개요
  행사의 핵심 사항: 정해진 틀에 맞추어짐
- 행사 참고 자료
  행사 주최자가 참고할 목적

* 출처: 『대통령 비서실 보고서』, 노무현대통령비서실 보고서품질향상연구팀(위즈덤하우스, 2007)

다음은 행사를 기획하기 위한 목적으로 작성되는 내부 보고서이다. 내부 보고서에는 우선 해당 행사의 이름과 그에 맞는 검토 배경 혹은 관련 지시 사항을 기입한다. 다음으로 행사의 목적과 방향을 제시한 후, 사전 준비 사항과 행사 계획을 기입한다. 행사 계획에는 개요가 들어가며 일

○○ 행사 계획

■ 검토 배경 (혹은 관련 지시 사항)

1. 목적 및 추진 방향
2. 사전 준비 사항
3. 행사 계획

■ 행사 개요

- 일시 :
- 장소 :
- 주관 :
- 참석 :

■ 시간 계획

시간	행사 내용	진행

■ 기대 효과

4. 추진 방법 검토

□ 1안

□ 2안

시, 장소, 주관, 참석을 기입한다. 시간 계획은 제시된 표에 맞게 기입하고 기대되는 효과와 추진 방법 등도 기입한다.

정책 보고서는 전체적인 순환 과정을 도식화해 나타낼 수 있다. 정책 보고서의 두 가지 유형 가운데 문제 해결 보고서는 정책을 집행하는 단계, 그리고 정책 기획 보고서는 정책을 기획하는 단계에 필요한 보고 활동이다. 정책을 구상, 기획, 집행하기 위해서는 회의를 통해 의사를 결정해야 한다. 이를 위해 회의 자료 보고서가 작성되어야 한다. 회의를 마친 후 결과에 따라 결정이 내려지고 회의 결과 보고서가 나오게 된다.

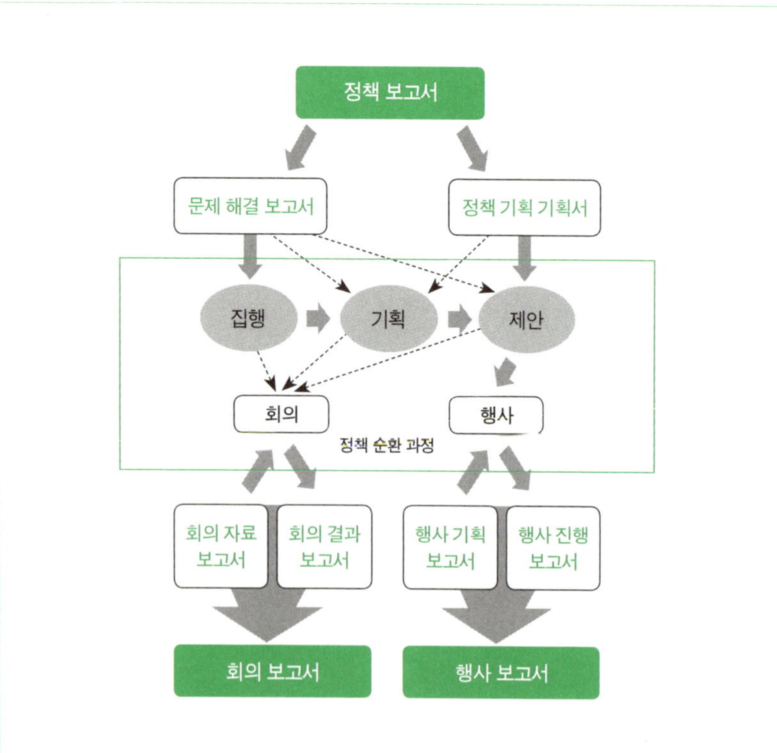

* 출처: 『대통령 비서실 보고서』, 노무현대통령비서실 보고서품질향상연구팀(위즈덤하우스, 2007)

마찬가지로 정책 집행을 위해 어떠한 행사를 진행하면 사전에 행사 기획 보고서가 작성되어야 한다. 행사 후에는 행사 진행 보고서를 작성해서 결과에 대해 보고한다. 참고로 상황 정보 보고서는 행사 진행 과정의 모든 상황에 대한 정보를 다룬다. 이렇게 모든 보고 활동은 기업이나 조직의 정책을 구상하고 기획하며 집행하는 전체 과정에서 이루어지는 것이다.

03
문제 해결 보고서

다양한 보고서 유형 가운데 정책 보고서는 일반적으로 사람들이 가장 어렵게 생각하는 기획서나 제안서 등을 주로 다룬다. 이번 장에서는 정책 보고서의 두 유형인 문제 해결 보고서와 정책 기획 보고서를 중심으로 보고서의 구조와 사례를 좀 더 익혀보도록 하자.

: : 기본 구조

정책 보고서 가운데 첫 번째 유형은 문제 해결 보고서이다. 문제 제기, 원인 분석, 대안 분석, 과제 설정 등 보고의 필수 논리 틀에 가장 잘 맞는 구조를 가진 것이 바로 문제 해결 보고서이다. 문제 해결 보고서는 과제를 설정하고 이에 대한 결론부터 제시한다. 보고자가 주장하는 바를 명확하게 제시한 후 논리를 전개해 나가는 구조라고 할 수 있다. 다음 단계에서는 해결할 문제를 정확히 분석하고 문제를 발생시킨 원인에 대해 기술한

후, 이 원인을 해결하는 구체적인 방법을 정책적으로 제시한다. 이때 가능한 모든 대안을 철저하게 검토해서 장단점에 대한 분석을 보고서에 포함시킬 수도 있고, 아니면 대안 검토 결과만을 해결 방안으로 제시할 수도 있다.

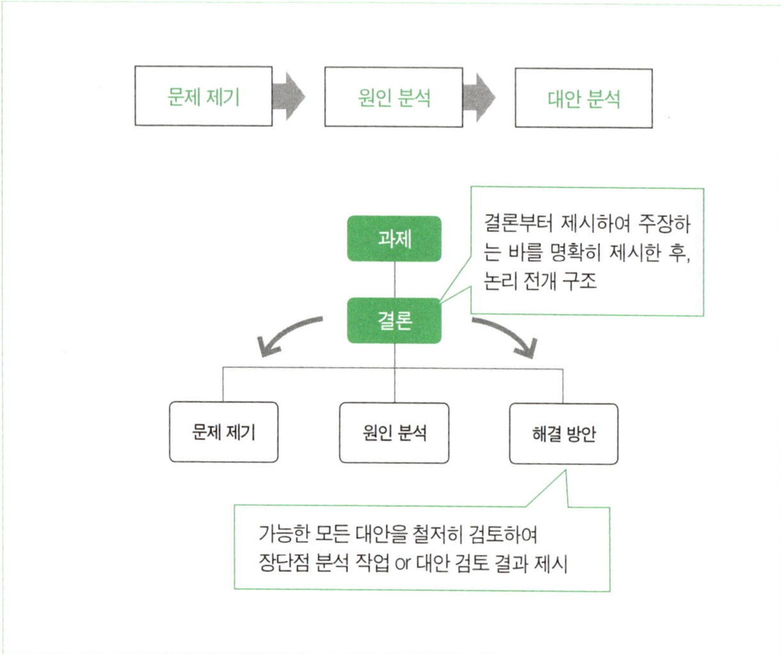

:: 문제 해결형 보고서 사례

이 같은 구조를 활용해 작성된 문제 해결 보고서를 살펴보자. 이 보고서의 제목은 '세계시장에서 김치의 시장점유율 확대 방안'이다. 보고자의 조사 결과는 '한국 김치의 시장점유율 확대를 위해서는 새로운 제품의 개발과 세계화를 위한 관련 제도 정비가 조속히 이루어져야 한다'는 것이다. 앞서 배운 것처럼 결론을 먼저 제시하게 되는 것이다.

세계시장에서 김치 시장점유율(M/S) 확대 방안

1. 결론

한국 김치의 M/S 확대를 위해서는 새로운 제품의 개발과 세계화를 위한 관련 제도 정비가 조속히 이루어져야 함

2. 문제

경쟁국의 성장과 한국의 소극적 접근으로 김치 종주국 위치가 흔들림

1) 중국
저가의 김치를 중국 브랜드로 대량 생산하여 미주에서 급속히 점유율을 늘리고 있음

2) 일본
한국형 숙성 김치과 버무림식 일본 김치를 동시에 출시하고 있음

3) 한국
중소기업체 고가의 소량 생산으로 국내시장만 주력하고 해외시장은 소극적으로 대처

3. 원인

경쟁국 대비 상품, 가격, 홍보, 유통 등 모든 면에서 경쟁력 저하

1) 제품
한국인 입맛에 맞는 제품만을 출시

2) 가격
경쟁국 대비 약80% 고가

3) 판촉
숙성 김치의 항암 효과 홍보 전무

4) 유통
소포장 판매로 서구 유통 업계의 대포장 공급 전무

➡ 모든 면에서의 경쟁력 저하

4. 해결

1) 제품
서구 입맛에 맞는 제품 개발

2) 법규
김치 관리 법규 제정

3) 판촉
수출 통합 브랜드 추진

4) 세계화
김치 종주국으로서 기구 설립 및 세계 음식화

➡ 경쟁력 있는 제품 개발·수출 확대를 위한 인프라 구축

"문제 해결 보고서"
- 현 상태에 대한 대책 방안
- 변화 촉구

다음에는 이와 같은 결론을 내린 근거들을 하나하나 소개하고 있다.

먼저 문제 제기 파트에서는 경쟁국의 성장과 한국의 소극적 접근으로 김치 종주국의 위치가 흔들리고 있다는 점을 제시한다. 이어 경쟁국의 상황을 소개한다. 중국의 경우 저가의 김치를 자국 브랜드로 대량 생산해 미주에서 급속히 점유율을 늘리고 있다. 일본의 경우도 한국형 숙성 김치와 버무림식 일본 김치를 동시에 출시하고 있다. 반면 한국은 중소 업체에서 고가의 소량 생산으로 국내시장에만 주력할 뿐, 해외시장 진출에는 소극적이다. 이러한 문제 제기는 상황의 심각성에 대한 논리적 근거로, 이 보고서가 내린 결론의 명분을 정당화시켜준다.

이제 이 같은 심각한 문제가 발생하게 된 원인 분석 작업이 시작된다.

먼저 국산 김치 제품의 경우 한국인의 입맛에 맞는 제품만을 출시해왔을 뿐, 정작 세계인의 입맛에 맞는 제품 개발에는 소홀해왔다는 점이 지적되었다. 가격 측면에서도 국산 제품이 경쟁국과 비교했을 때 약 80% 정도 비싸다는 점을 알 수 있다. 판촉 측면에서는 한국 제품이 지닌 장점, 즉 김치의 항암 효과 등에 대한 홍보나 마케팅이 전혀 이루어지고 있지 않다는 점도 제기되었다. 마지막으로 유통 측면에서는 소포장 중심으로 유통되고 있어, 서구 유통 업계가 선호하는 대포장 공급이 전혀 이루어지고 있지 않다는 점도 밝혀졌다. 분석 결과, 상품, 가격, 홍보, 유통 등 모든 면에서 경쟁력이 저하되었다는 점이 드러났다.

기초 논리에서 배운 4P의 MECE를 활용해 원인을 분석하니, 모든 면에서 우리 제품의 경쟁력이 저하되고 있다는 것이 잘 드러난다. 그렇다면 이러한 문제점을 해결하기 위한 방안으로는 어떤 것이 있을까? 먼저 제품 면에서는 서구 입맛에 맞는 제품 개발이 시급하다는 것을 알게 되었다. 다음으로 김치 관리에 대한 법규를 제정, 김치 산업을 체계적으로 지원, 육성해 국산 김치의 가격 경쟁력을 높이는 데 도움을 주어야 한다. 또한 수출 통합 브랜드를 구축해 통합 마케팅을 추진할 필요가 있다. 마지막으로 김치 종주국으로서 세계화 기구를 설립하고 세계적인 음식으로 자리 잡기 위한 다각적인 노력을 기울여야 할 것이다.

:: 문제 해결 보고서의 논리나무

이제 논리나무를 활용해 문제 해결 보고서를 구조화해보자. 먼저 제시된 과제는 '세계시장에서 우리 김치의 시장점유율 확대 방안'이었고, 결론은 새로운 제품 개발과 관련 제도 정비가 이루어져야 한다는 것이었다. 이 쟁점에서 문제가 되었던 것은 경쟁국의 성장과 한국의 소극적 접근으로 김치 종주국 위치가 흔들리고 있다는 것이었고 이에 따라 경쟁국의 현황을 짚어봤다. 이에 대한 원인으로는 상품, 가격, 홍보, 유통 등 모든 면에서 경쟁력이 떨어진다는 점이었다. 그 결과 해결 방안으로, 경쟁력 있는 제품 개발과 수출 확대 위한 인프라 정비의 필요성을 언급했고 그에 해당하는 제품, 법규, 판촉, 세계화의 측면에서 구체적인 대책을 정리할 수 있었다.

과제: 세계 시장에서 김치 시장 점유율 확대 방안

결론: 새로운 제품 개발과 관련 제도 정비가 이루어져야 한다

문제	원인	해결
경쟁국의 성장, 한국의 소극적 접근으로 인해 흔들리는 김치 종주국	경쟁국 대비 상품, 가격, 홍보, 유통 등 다방면에서의 경쟁력 저하	경쟁력 있는 제품 개발, 수출 확대 인프라 구축 필요
일본 한국형 숙성 김치와 버무림식 일본 김치 동시 출시	제품 한국인 입맛에 맞는 제품 위주의 생산 방식	제품 서구 입맛에 맞는 제품 개발
중국 저가 김치를 매입하여 자국 브랜드로 대량 생산, 미국 점유율 높임	가격 경쟁국 대비 80% 고가	법규 김치 관리 법규 제정
한국 중소업체의 고가 소량 생산으로 국내시장 주력, 해외시장 겨냥 소극적	판촉 숙성 김치의 항암 효과 홍보가 없음	판촉 수출 통합 브랜드 추진
	유통 소포장 판매로 서구 유통업계의 대포장 공급 없음	세계화 김치 종주국으로서 기구 설립, 세계 음식화

〈논리개발 11〉

아래와 같은 보고서를 바탕으로 회사에서 열리는 각종 회의가 안고 있는 보다 구체적인 상황이나 문제점을 생각해보시오. 그리고 이를 기반으로 새로운 보고서의 목차와 개요를 작성하시오. 이 보고서에는 보고의 필수 논리가 구체적으로 제시되어야 한다.

효과적인 회의 운영 방안

1. **목적**: 불필요한 회의 횟수 및 회의 시간 단축

2. **문제**
- 중복 주제 회의가 많다
- 책임 회피형 회의가 많다
- 보고 위주의 회의가 많다
- 사전 협의 없는 즉석 회의가 많다
- 전달형 회의가 많다
- 회의를 위한 회의가 많다
- 사전 주제 전달이 미흡하다
- 참석자의 자료 정보 수집 노력이 부족하다
- 회의가 주제와 무관하게 진행된다

3. **해결 방안**
① 중복 주제 회의의 통폐합
② 전달형 회의는 서면 보고로 대체
③ 사전 주제 명확히 전달
④ 회의 진행 매뉴얼 작성

* 모범 답안은 부록 참조 p.262~263

04
정책 기획 보고서

: : 기본 구조

정책 보고서의 두 번째 유형인 정책 기획 보고서에 대해 살펴보자. 문제 해결 보고서와 마찬가지로 정책 기획 보고서는 과제를 제시한 다음 결론부터 먼저 제시하는 구조이다. 이를 통해 보고자는 주장하는 바를 명확히 정리하고 논리를 전개하게 된다. 이후 미래의 문제에 대해 대비하는 단계를 거친다. 이때 문제 해결 보고서와는 달리 원인 분석이 필요 없으며, 바로 추진 전략이 따르게 된다. 다음 단계에서는 구체적인 실행 방안인 KFS(Key Factor For Company Success) 확보 방안, 즉 성공을 위한 핵심 방안을 확보하는 방법에 대해 거론한다.

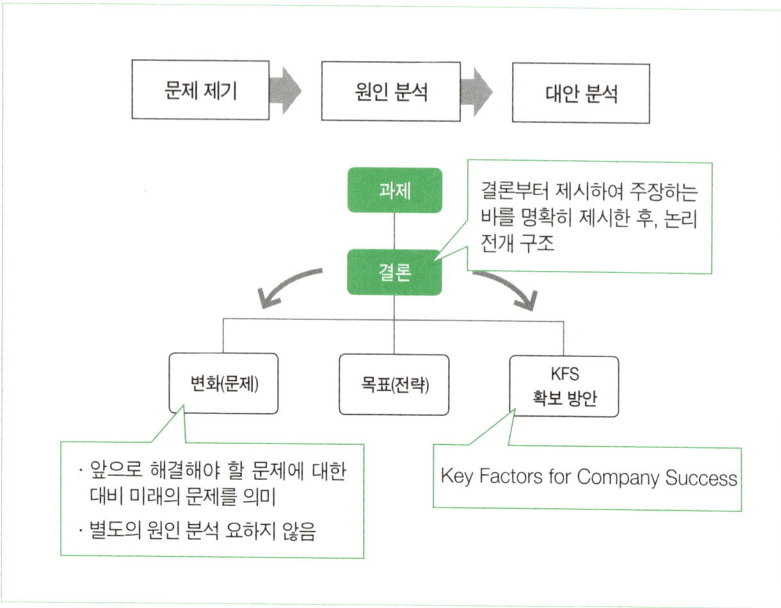

: : 정책 기획 보고서 사례

이번 보고서의 제목은 '소형 노트북 출시 방안'이다. 여기서도 먼저 결론부터 제시해보자. 결론은 'OEM에서 완제품 사업으로 전환해 신규 제품으로 소형 노트북을 출시해야 한다'로, 이에 대한 회사의 전략을 기획하고 보고한다. 이러한 결론을 내린 이유는 다음의 논리로 정당화한다. 현재 문제는 액세서리 중심의 OEM 제품군으로는 미래에 더 이상의 매출 증대를 기대하기 어렵다는 점이다. 먼저 시장에서는 완제품 브랜드를 가진 업체의 인지도와 시장 장악력이 점차 커지고 있고, 경쟁사에서는 중국제 저가 제품 업체가 서구 기업과 기술 제휴를 통해서 브랜드력을 키우고 있는 실정임을 제시한다. 반면 자사의 경우, 기술은 있으나 완제품 생산을 하지 않고 있어 브랜드가 약해 지속 성장에 한계가 있다는 점을 언급하고 있다. 목표 파트에는 이 같은 문제로 인해 초래될 미래의 상황을 타개하기 위한 전략이 제시되어 있다.

소형 노트북 출시 방안

1. 결론

OEM에서 완제품 사업으로 전환함에 따라 신규 제품으로 소형 노트북을 출시해야 함

2. 변화(문제)

액세서리 중심의 OEM 제품군으로는 매출 증대를 기대하기 어려움

1) 시장

완제품 브랜드를 가진 업체의 인지도와 시장 장악력이 증가하고 있음

2) 경쟁사

중국제 저가 제품 업체가 서구 기업과 기술 제휴를 통해 브랜드력을 키워나가고 있음

3) 자사

기술은 있으나 완제품 생산을 하지 않고 있기 때문에 약한 브랜드로 인하여 지속 성장에 한계가 있음

3. 목표(전략) — 미래 사안에 대한 전략 제시

소형 노트북을 단기간 내 시장 투입

1) 비즈니스 모델

대만에서 소형 노트북이 출시되어 폭발적인 판매 이루어짐

2) 고객

시장 조사 결과 대학생은 싸면서도 이동성이 우수한 소형 노트북에 대한 요구가 많음

3) 자사

당사의 소형 노트북 OEM 주문이 증가하고 있음

➡ 현재 상태의 심각한 문제에 대한 대책·변화를 요구

4. KFS 확보 방안

6월 출시를 목표로 핵심 역량을 갖춤

> 결정된 사인에 대한 결과를 효율적으로 실행에 옮길 방안 제시

1) 제품

대학생이 꼭 필요한 사양 위주로 여대생이 선호하는 깜찍한 스타일 제품을 개발하여야 함

2) 가격

기존 대만 제품과 동일한 가격으로 책정함

3) 유통

대학 내 서점을 대리점으로 활용하여 판매 체계를 구축함

4) 판촉

대학교 축제에서 이벤트를 적극 실시함

'목표' 항목은 문제 해결 보고서와는 약간 다르게 기입이 되어 있다. 앞에서도 언급했듯, 기획 보고서는 미래에 대한 대비이기 때문에 앞으로의 전략이 제시되어야 한다. 우선 기업의 목표는 소형 노트북을 빠른 시간 내에 시장에 투입하는 것이다. 전략을 위해 출시된 소형 노트북의 판매가 폭발적인 대만 기업의 실용 모델을 벤치마킹한다. 이 보고서에서도 새로운 전략에 타당성을 주는 근거로서 닮은꼴 추론을 사용해, 보고서의 설득력을 높이고 있음을 알 수 있다.

고객 측면에서 시장 조사 결과는 대학생들이 싸면서도 이동성이 우수한 소형 노트북에 대한 요구가 많다고 밝히고 있다. 또한 경쟁사들을 살펴보면 기존 국내 노트북 메이커들은 고가의 대용량 제품에 주력하고 있어, 가격 경쟁력을 고려했을 때 충분히 가능성이 있다고 판단할 수 있다. 소형 노트북 OEM 주문이 꾸준히 증가하고 있는 자사의 상황을 봤을 때에도 이 제품의 품질에 대한 소비자의 반응이 괜찮다는 것을 잘 알 수 있다. 이 같은 정황들이 바로 새로운 전략으로의 정책적 결정을 정당화해주

는 증거들이다. 그리고 여기서도 기초 논리에서 배웠던 MECE가운데 3C가 분석의 틀로 활용되고 있다.

이제 보고서는 이러한 정책적 결정을 실행에 옮길 구체적인 실행 전략을 마련해야 한다. 이 부분도 문제 해결 보고서와 차이가 있는데, 문제 해결 보고서에서는 '해결'이었다면 지금 정책 기획 보고서에서는 '방안'을 제시한다. 여기서는 실행 가능성을 타진하는 것이 아니라 의사 결정의 결과를 가장 효율적으로 실행에 옮길 방안에 대해 논의하는 것이다.

성공을 위한 핵심 방안은 오는 6월 출시를 목표로 핵심 역량을 갖추는 데 달려 있다. 제품 측면에서는 대학생들에게 꼭 필요한 사양 위주로 개발하되, 디자인 면에서는 특히 여대생이 선호하는 깜찍한 스타일 제품을 개발한다. 가격 측면에서도 기존 대만 제품과 동일한 가격으로 책정해 가격 경쟁력을 갖추도록 한다. 유통 측면에서는 대학 내 서점을 대리점으로 활용해 판매 체계를 구축해 보다 편리하게 유통망을 구축하고, 대학교 축제 등에서 이벤트를 적극적으로 실시해 핵심 구매 계층을 상대로 한 마케팅에 주력하는 방안을 제시한다.

: : 정책 기획 보고서의 논리나무

이제 정책 기획 보고서의 구조를 논리나무로 표현해보자. 이번 프로젝트는 '소형 노트북 출시 방안'이며, 결론은 OEM에서 완제품 사업으로 전환해 신규 소형 노트북 제품을 출시해야 한다는 것이다. 변화의 근거로 액세서리 중심의 OEM 제품군으로는 매출 증대를 기대하기가 어렵다는 것을 제시했고, 이에 대한 조사 행위가 시장, 경쟁사, 자사의 측면에서 이루어졌다. 다음, 목표로 잡았던 전략은 자사 브랜드의 소형 노트북을 빠른

과제: 소형 노트북 출시 방안

결론: OEM에서 완제품 사업으로 전환하여 신규 제품으로 소형 노트북을 출시해야 한다

변화(문제)	비즈니스 모델	KFS 확보 방안
액세서리 중심의 OEM 제품군으로 매출 증대를 기대하기 힘듦	소형 노트북을 단기간 내에 시장에 투입 예정	6월 출시를 목표로 핵심 역량 갖춤
시장 완제품 브랜드 업체 인지도와 그들의 시장 장악력 확대	**제품** 대만에서 소형 노트북이 출시되어 폭발적 판매 성행	**제품** 대학생이 꼭 필요한 사양, 여대생이 선호하는 스타일 위주로 제품 개발 예정
경쟁사 중국제 저가 제품 업체가 서구 기업과의 기술 제휴를 통해 브랜드력 키워나감	**고객** 시장 조사 결과 대학생은 싸면서도 이동성이 우수한 소형 노트북 요구가 많음	**가격** 기존 대만 제품과 동일 가격
자사 기술은 있으나 완제품 생산을 하지 않고 있어 약한 브랜드로 인한 지속 성장에 한계 존재	**경쟁사** 기존 국내 노트북 메이커들은 고가 대용량 제품에 주력 중	**유통** 대학 내 서점을 대리점으로 활용한 판매 체계 구축
	자사 당사의 소형 노트북 OEM 주문이 증가하고 있음	**판촉** 대학교 축제를 이용한 이벤트

시간 내에 시장에 투입하는 것이다. 이를 위해 실용 모델과 고객, 경쟁사, 자사의 측면에서 조사한 바를 기입했다. KFS 확보 방안으로는 6월 출시를 목표로 핵심 역량을 갖추는 것이었다. 이 역시 제품, 가격, 유통, 판촉 측면에 근거해 조사한 결과를 보고서에 반영했다.

〈논리개발 12〉

아래와 같은 보고서가 있다. 이 보고서를 참고하여 현재 우리 회사가 안고 있는 상황과 문제점을 정리하고, 이를 바탕으로 새로운 보고서를 작성해보자. 새 보고서에는 보고의 필수 논리가 반드시 세부적으로 제시되어 있어야 한다.

제품 판매 확대 방안 보고

1. 개요

우리 회사에서 연초에 발매한 제품 ○○○은 20대 여성을 소비자층으로 개발되었으며, 그중에서도 20대 초반의 사회 초년생에게 적합하도록 디자인되었다. 1월부터 5월까지는 순조로운 판매가 이어졌지만, 6월 이후는 판매가 둔화되었고, 10월부터는 다시 상승세를 타고 있다. 원인을 분석한 결과 20대 여성 소비자의 경우 여름철에는 본 상품을 기피하는 성향으로 인해 6월~8월까지는 판매가 감소되었다고 생각한다. 아울러 경쟁사의 ○○○ 상품이 공격적인 마케팅을 시작함으로써 우리 상품의 매출 감소에 영향을 주었다고 생각된다.

2. 문제점

우리 제품이 20대 초반의 여성을 대상으로 출시되었지만 경쟁사인 ○○사의 상품은 10대 후반의 청소년들로부터 높은 인기를 얻고 있다. 따라서 우리 제품의 타깃 소비자층을 20대 여성으로 한정해서 마케팅을 구사한 것은 제품의 소비자층에 대한 분석에 문제가 있었다고 본다.

3. 제안

향후 마케팅의 범위를 10대 중·후반의 청소년층으로까지 확대해서 실시하는 것이 바람직할 것으로 판단된다. 또한 동일 상품의 유통망을 확대하여 홈쇼핑 판매 방식과 통신 판매 방식을 도입하고, 상품 자체가 갖는 특수성을 감안하여 마케팅을 구사할 필요가 있다.

아울러, 전국적으로 산재한 전문 판매점 가운데 서울과 수도권에 거주하는 소비자를 집중적으로 공략하는 판매 전략을 수립하는 것도 좋은 방법이라 판단된다. 또한, 일반 판매점에서는 유사한 상품일 경우 인기 있는 한 가지 제품만을 취급하는 경향이 있으므로, 현재보다 판매점을 확대하는 영업 전략을 수립할 필요가 있다. 특히, 판매점에서의 진열 여부가 판매 여부를 결정하는 중요한 요소이므로, 영업부에서는 전국 각 판매점의 방문 횟수를 현재보다 늘려서 수시로 점검해야 할 것으로 본다.

* 모범 답안은 부록(p.264~266) 참조

부록

논리개발 모범 답안

〈모범 답안 1〉

1) 분류와 확장

왕궁의 화장실이 없다는 사실에서 하이힐의 탄생에 이르는 과정 자체가 사고가 확장되고, 숨어 있던 인과적 논리가 드러나는 과정이라고 볼 수 있다. 이 같은 사고의 확장에 따라 화장실의 부재가 낳을 수 있는 여러 하위적인 개념들, 이를테면 대소변 처리의 불편함이나, 청결과 위생의 불량 상태, 이로 인한 질병의 발생 등과 같은 통상적인 사고의 범위를 뛰어넘어 하이힐의 탄생이라는 의외의 결과까지 포함하게 됨으로써 우리의 사고가 창의적으로 무한 확장되는 느낌을 얻을 수 있다.

2) 추론과 도약

당시 왕궁에는 배설물이 마구 널려 있었습니다.(주장)
왜냐하면 왕궁에 화장실이 없었기 때문입니다.(근거)
사람들이 배설물을 밟기 싫어했기 때문에,(근거)
하이힐이 태어났습니다.(주장)
이처럼 이 광고물에는 주장과 근거 사이의 인과적인 연계 관계가 그물망처럼 이어져 있다는 것을 알 수 있다.

3) 생략과 압축

왕궁에 화장실이 없었기 때문에(근거) 하이힐이 태어났다는 주장은 전혀 논리적이지도 않고 비약적이라고 생각하기 쉬우나, 그 속에 내재된 엄밀한 추론을 통해 이 둘 사이에 필연적인 인과관계가 존재한다는 것이 잘 드러나고 있다. 이처럼 일상의 논리는 과감한 생략과 압축을 특징으로 하고 있으며, 엉뚱해 보이는 둘 사이에 내재된 (인과적) 관계를 잘 파악할 수 있느냐 하는 것이 논리적인 능력의 차이에 기반하고 있다고 볼 수 있다.

〈모범 답안 2〉

주제 : 시골 빈집 활용법

방안 / 참가자	A	B	C
1	회원제 별장	시골 체험 숙박시설	연극이나 공연장
2	귀농 가족을 위한 주택	지역 어린이 놀이방	자연 체험 레스토랑
3	외국인 여행자 숙소	미니 이벤트 장소	학생 공동생활
4	외국 유학생 숙소	경로당	싱글 라이프 별장

〈모범 답안 3〉

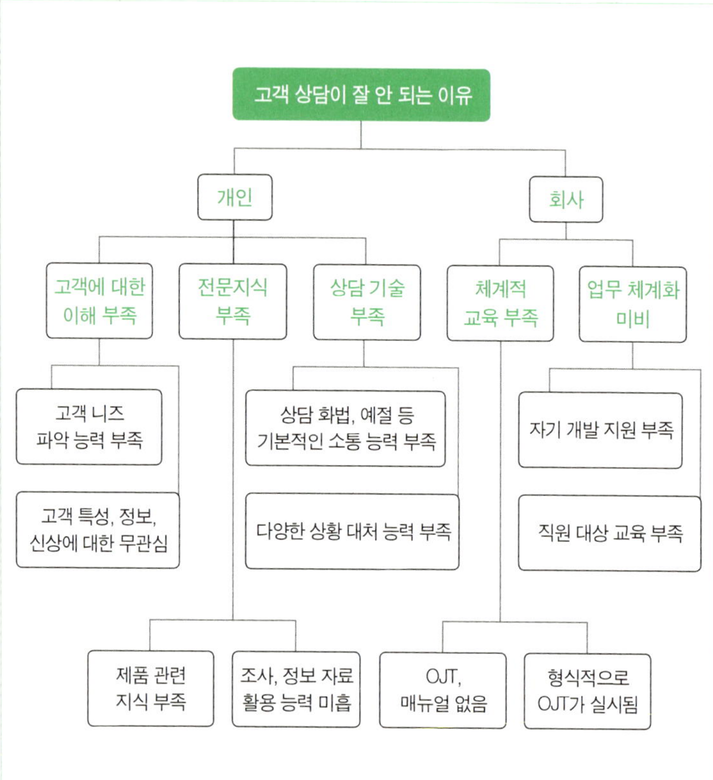
고객 상담이 잘 안 되는 이유
개인
회사
고객에 대한 이해 부족
전문지식 부족
상담 기술 부족
체계적 교육 부족
업무 체계화 미비
고객 니즈 파악 능력 부족
고객 특성, 정보, 신상에 대한 무관심
상담 화법, 예절 등 기본적인 소통 능력 부족
다양한 상황 대처 능력 부족
자기 개발 지원 부족
직원 대상 교육 부족
제품 관련 지식 부족
조사, 정보 자료 활용 능력 미흡
OJT, 매뉴얼 없음
형식적으로 OJT가 실시됨

이 논리나무가 이 실습에 대한 모범 답안이다. 이제 자신이 그린 논리나무와 비교해보는 시간을 가져보자. 이 논리나무는 고객 상담이 잘 안되는 이유를 크게 개인 차원과 회사 차원으로 구분했다. 개인 차원에서는 고객에 대한 이해 부족과 전문 지식 부족 그리고 상담 기술 부족이 가장 큰 이유로 드러났고, 회사 차원에서는 체계적인 교육이 부족하다는 점과 업무 체계화가 미비하다는 점이 중요 이유로 밝혀졌다.

고객에 대한 이해 부족은 무엇보다도 고객의 니즈를 파악할 수 있는 능력이 부족하고, 고객의 특성이나 정보, 신상에 대한 무관심에서 비롯되었다고 볼 수 있다. 전문 지식 부족은 제품 관련 지식이 부족하고, 이를 조사하거나 주어진 정보, 자료를 활용할 수 있는 능력이 부족하기 때문이라고 볼 수 있다. 상담 기술 부족은 상담, 화법, 예절과 같은 기본적인 소통 능력이 부족한 데에서 비롯되었고, 나아가 다양한 상황에 대한 대처 능력이 부족하기 때문에 비롯되었다고 볼 수도 있다. 회사 차원에서 체계적인 교육의 부족 상황은 사원들의 자기 개발에 대한 지원이 부족하고, 직원 대상 교육이 미흡하기 때문에 발생했다. 또한 업무 체계화의 문제는 OJT(On the Job Training)나 매뉴얼이 없으며, 형식적으로 OJT가 실시되기 때문에 비롯된 상황이다.

논리나무의 구조를 통해 우리는 회사에서 고객 상담이 잘 안되는 이유를 체계적으로 분석하고 파악할 수 있었다. 이를 토대로 개선점들을 도출해내면 주어진 문제점을 해결하는 데 큰 도움을 얻을 수 있을 것으로 기대된다. 논리나무를 활용한 분류와 확장의 작업이 실제 상황에서 활용될 수 있다는 점을 잘 보여주는 실습이라고 할 수 있다.

〈모범 답안 4〉

분류화	무기력한 대학생들을 보면, 정체되어 있는 대학이 현실이 보인다.
일반화	대학을 제외한 다른 모든 분야가 경쟁 시스템을 도입하고 있다.
인과	경쟁은 효율을 낳는다.
징후	경쟁 방식을 도입한 조직은 활기가 넘치지.
닮은꼴	서바이벌 방식이 대중음악 시장의 활성화를 가져오듯, 경쟁 방식이 대학을 변화시킬 것이다.
은유	경쟁은 미꾸라지 속의 메기와 같은 역할을 한다.

〈모범 답안 5〉

No.	사례	구분		
1	부모는 자식을 사랑한다	통념	징후 추론	필수지표
2	아름다운 것은 비싸다	통념	징후 추론	필수지표
3	임신으로 인한 입덧	통념	징후 추론	필수지표
4	흐린 날에 쑤시는 허리	통념	징후 추론	필수지표
5	갓길에 서 있는 고장 난 자동차	통념	징후 추론	필수지표
6	범인이 범행 현장에 남긴 지문	통념	징후 추론	필수지표
7	범행 용의자의 알리바이(현장부재증명) 주장	통념	징후 추론	필수지표
8	거짓말탐지기 조사의 결과	통념	징후 추론	필수지표

〈모범 답안 6〉

유명 광고 카피인 '침대는 과학입니다'의 프레임에는 다음과 같은 논리운동이 전개되어 있다. 먼저 과학이라는 개념이 가지는 상징적인 의미(과학은 혁신적이다 / 진보적이다 / 합리적이다 / 발전한다)가 이 프레임에는 생략된 채 전제되어 있다. 과학의 이미지를 A사의 침대와 결합시키면 이 이미지가 고스란히 전이된다. 따라서 이 프레임은 A사의 침대가 '혁신적이고 진보적이고 합리적이며 발전한다'는 식의 주장을 암시적으로 내포하여, A사의 침대를 새롭게 바라볼 수 있는 시각을 논리적으로 열어놓게 만드는 것이다.

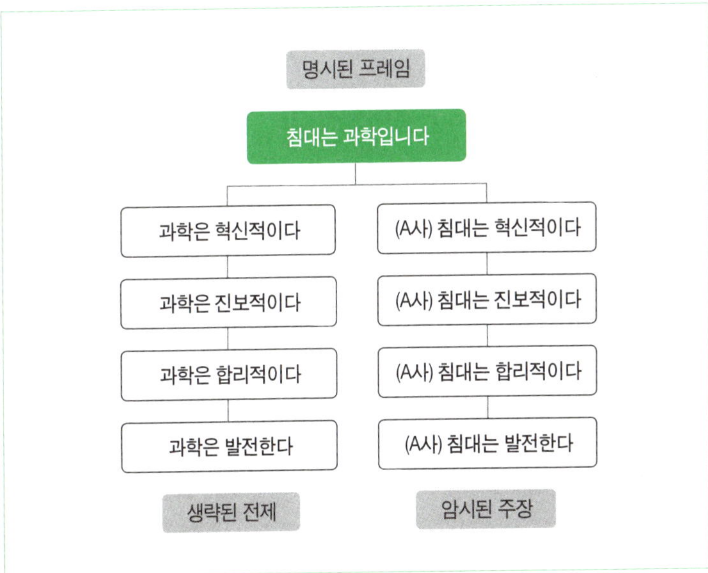

'나는 가수다'의 프레임에는 가수라는 개념이 갖는 상징적인 의미(노래를 잘하는 사람 / 가창력으로 승부를 보는 사람 / 청중의 평가에 좌우되는 사람 / 노래로 경쟁하는 사람)가 생략된 채 전제되어 있다. 생략된 전제는 이른바 '3초 가수'가 판을 치는 지금의 음악 시장에서는 잊혀진 의미망이기도 하다. '나는 가수다'에 출연하는 가수들은 원래 가수라는 의미망을 구성했던 의미대로의 이미지를 연상시킨다. 따라서 '나는 가수다'라는 프레임에는 '나는 노래를 잘하고 가창력으로 승부하며 청중의 평가에 좌우되고 노래로 경쟁한다'는 주장이 숨어 있다고 볼 수 있다. 바로 '내가 진정한 가수'라는 주장이 이 프레임에 내재되어 있는 것이다.

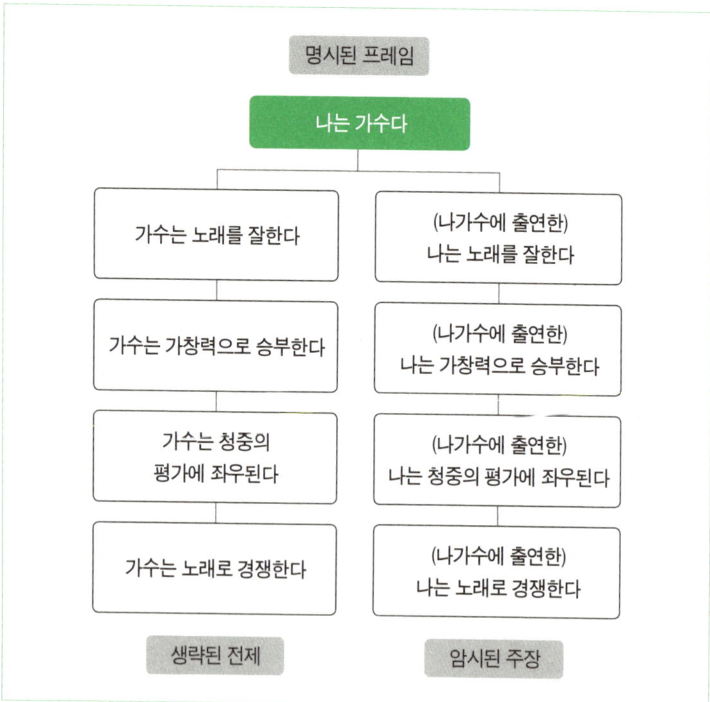

〈모범 답안 7〉

회의 자료에는 먼저 조직 내에서 자판기를 바꾸는 사안이 문제가 될 정도로 심각하다는 점이 소구되어야 한다. 심각성의 요소(부정, 부도덕, 무효용, 위험, 파괴) 가운데 자판기 문제의 심각성은 '무효용'을 보이고 있다는 점이다. 자판기를 새로 교체하기 전에는 이 문제가 '지속적'으로 제기될 수밖에 없다. 따라서 '자판기는 교체되어야 한다'가 이 회의의 안건이 된다.

이 회의의 필수 논리는 다음과 같이 구성된다.

심각성: 기존 자판기의 이용률 저하
지속성: 높은 상품 가격/ 잦은 고장/ 관리 소홀

자판기 교체에 따른

해결 가능성: 이용률 높은 기종 선택/ 자판기 관리 외주 위탁
실현 가능성: 낮은 상품 가격/ 깨끗한 관리를 통한 판매 제고

이에 따른

이익: 사원 복지 문제 해결/ 청결한 자판기 관리
불이익: 신규 자판기 임대 및 위탁 관리에 따른 비용 발생

이러한 논리적인 전제하에서 '문제 해결형 회의 자료'를 작성해본다.

회의 주제: 사내 자동판매기 교체에 관한 건

△ **문제 제기**: 최근 사내 자동판매기 사용률 40% 감소

△ **원인 분석**

1. **제품**: 자판기에서 취급하는 상품의 한계로 인한 이용률 저조
2. **가격**: 매점 대비 10% 이상 높은 가격
3. **환경**: 임금 동결에 따른 직원들의 절약 분위기
4. **유지**: 잦은 고장과 유지 보수의 어려움

△ **해결 방안**: 직장인 선호 상품을 파는 자판기로 대체함에 따른 이용 활성화

1. **제품**: 직장인 기호 음료와 식품만을 엄선한 A사 기종으로 변경
2. **가격**: 수수료 조정을 통해 자판기 상품 가격 인하
3. **홍보**: 자판기 교체와 취급 상품 등을 알리는 포스터 제작 및 사내 휴게실 부착
4. **관리**: 관리 전문 외주 업체 B사에 위탁

△ 실행 계획

1. **A 업체와 계약**: 7월 15일까지 협상 및 계약 완료
2. **자판기 교체**: 7월 20일까지 교체 완료
3. **자판기 관리 업체 B사와 계약 체결**: 7월 20일까지 계약 완료
4. **사내 캠페인 실시**: 7월 20일부터 한 달간 실시

△ 비용

1. **자판기 임대료 및 관리비**: 임대료- 600만 원 관리비-30만 원/월
2. **상품 교체비**: 월 300만 원
3. **홍보비**: 약 100만 원

△ 기대 효과

1. **매출**: 현재 대비 200% 신장, 이익 150% 증가
2. **손익**: 매출 개선 시 투자비 회수 기간 22개월 (평균 사용 년수 7년)

〈모범 답안 8〉

제기된 문제는 '불필요한 회의로 인한 업무 효율성 저하'와 '이에 따른 사업 성과의 저하'이다. 회의의 목적은 '효과적인 회의 운영 방안'이다. 문제 해결 회의에서 고려해야 할 사항은 문제/배경, 원인 분석, 방안 모색, 방안 점검, 실행 계획 등이다. 이 같은 회의의 필수 논리를 논리나무로 일목요연하게 정리하면 아래의 그림과 같다.

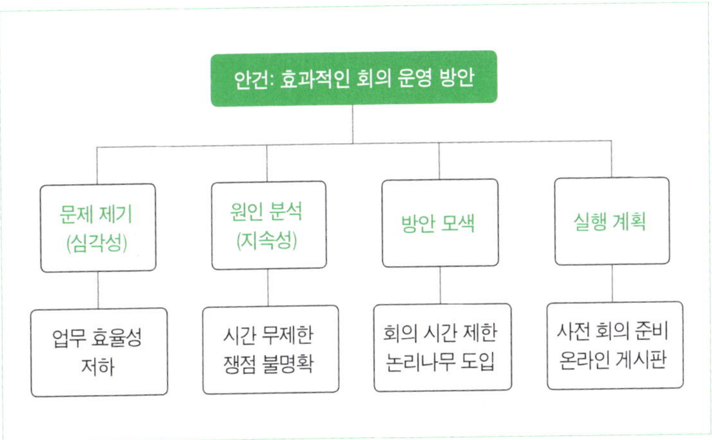

회의 자료를 작성한 다음에는 반론 가능성(need not, can not, should not)을 고려하여 최종 검토를 해야 한다. 이 같은 전제하에 작성된 회의 자료는 다음과 같다.

안건: 효과적인 회의 운영을 통한 사업성과 향상 방안

△ **문제/배경**: 불필요한 회의로 인한 업무 효율성 → 사업 성과 저하

1. **심각성**: 업무 효율성 저하로 인한 사업 성과의 저하
   전년 대비 매출 및 영업이익 각 -10% 및 -20% 감소
2. **지속성**: 이를 방치할 경우 업무의 효율성 지속적인 저하 우려

△ 원인 분석

1. 회의 시간이 정해지지 않아 '끝장 회의'가 빈번
2. 회의 쟁점이 분명하지 않아 회의가 진행됨에 따라 꼬리에 꼬리를 물고 새로운 쟁점이 등장하여 회의 시간을 지연시킴
3. 중요하지 않은 회의 참석으로 인해 연속적인 업무 활동 중단

=〉 근본 원인: 회의 관련 기준 시간의 미비와 불명료한 회의의 쟁점

△ 방안 모색: 효과적인 회의 운영 방안

1. 회의 시간 1시간으로 제한: 사전에 회의 내용 공유를 통해 회의 진행 효율 제고
2. 회의 쟁점은 필수 논리 형태의 논리나무로 제시: 쟁점이 되는 사안의 각 논리를 논리나무로 작성하여 회의의 이슈를 일목요연하게 제시함
3. 의사 결정형 회의만 진행: 정보 공유나 의견 수렴 회의는 공지 사항이나 이메일로 대체

△ 방안 점검

1. 해결 가능성: 보다 체계적인 회의 사전 준비 작업으로 효율적인 회의 운영 가능
2. 실행 가능성: 유관부서 간의 업무 협의를 통해 이 방안의 실행 가능성 제고

△ 실행 계획

9/1-15: 회의 자료 사전 준비제도 도입(1개월 이내)

9/15-10/31: 회의 쟁점의 논리나무 시각화 의무 및 논리나무 교육 실시 (2개월 이내)

9/30 이내: 회의장 내 발언 시간 준수를 위한 타이머 도입

10/31 이내: 의견 수렴이나 정보 공유를 위한 전용 사내 온라인 게시판 개설

11/1 이후: 개선된 회의 방법 최종 도입

〈모범 답안 9〉

1. 추진 중인 브랜드명 변경 사안과 관련한 정보의 종합 정리

현재 추진 중인 APT 브랜드명 변경 추진과 관련하여 현재 브랜드명을 유지해야 하는 명분과 방안에 대해 기술한다. 현재의 브랜드 네임은 당 건설사의 브랜드 아이덴티티를 고려할 때 확고히 자리 잡았으며 브랜드 네임 변경보다는 현재의 건설 시장과 고객 니드(need)를 파악하여 새로운 주택상품으로 접근하여 과거 브랜드 파워의 영광을 이어가야 할 것이다.

2. 반대 논리를 위한 논리나무

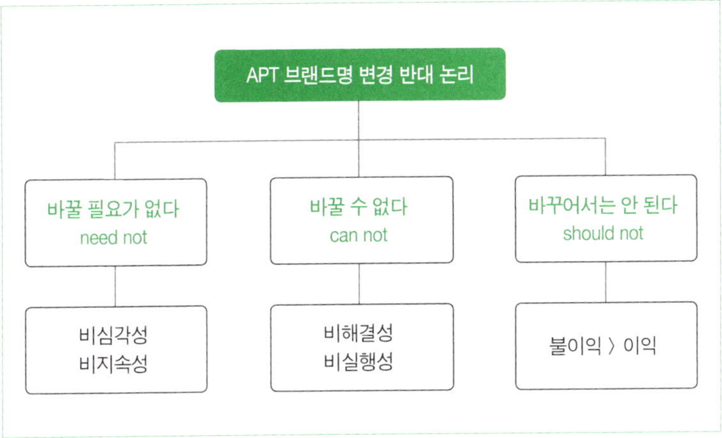

3. 현재 상태를 바꿀 필요가 없다(need not)

A. **비심각성**: 현재 브랜드 인지도의 하락은 대기업 자본 대비 투자 부족으로 인한 부분이지, 아파트의 본질적, 기술적 부분에서는 오히려 경쟁 우위에 있다.

B. **비지속성**: 이러한 부분들은 브랜드의 변경 없이도 일관된 이미지 창출, 장점을 부각시키는 마케팅을 통하여 충분히 개선될 여지가 있으며, 현재의 부진은 대규모 단지 수주 실패로 인한 일시적 현상이다

⇒ 따라서 브랜드 변경은 10년 이상 유지해온 자사의 이미지를 한순간에 무너뜨릴 수 있으므로 충분한 명분이 있어야 한다.

4. 현재 상태를 바꿀 수 없다(can not)

A. 새 방안은 문제를 해결할 수 없다: 수주량, 모기업 후광 효과, 랜드마크 부족 등은 경쟁사 대비 비교 열세의 부분으로 단순히 브랜드 변경으로 해결될 수 있는 부분이 아니다. 근본적인 기존 마케팅 방식의 개선이 선결 과제이다

B. 새 방안은 실행에 옮길 수 없다: 브랜드 변경에 따른 기존 구매 고객의 컴플레인을 비롯한 제반 기회비용이 천문학적일 것으로 예상되며, 10년 이상 유지해온 우리의 브랜드 가치를 볼 때 득보다 실이 많다

⇒ 따라서 브랜드 변경 방안의 실행 가능성 및 해결 가능성은 낮다

5. 현재 상태를 바꾸어서는 안 된다(should not)

A. 이 방안으로 얻을 이익: 브랜드 변경으로 얻을 수 있는 이익이 기존 브랜드를 개선하는 것보다 기회 손실이 클 것으로 판단된다. 팩트 위주의 커뮤니케이션과 삶에 도움이 되는 콘셉트의 변화는 손실을 초래한다.

B. 이 방안으로 야기될 대차대조표에서 심각한 불이익이 예상된다. 신규 투자비+기존 브랜드 포기로 인한 기회 손실은 이익보다 불이익이 더 클 것으로 예상되므로 반대한다.

⇒ 따라서 교체에 따른 비용이나 시간 등을 고려해볼 때 기존 브랜드의 이미지 강화를 집중 투자하는 것이 더 효과적일 것으로 판단된다.

〈모범 답안 10〉

조직 내 의사소통 부족 개선 방안

1. **문제/ 배경**: 조직 내 의사소통 부족으로 인한 조직력 및 경쟁력 약화
   ① 심각성: 조직 분열에 따른 경쟁력 저하로 인한 매출 하락
   ② 지속성: 조직 개편 없이 현 상황의 변화 기대 어려움

2. **원인 분석**
   ① 조직 내 지나친 경쟁 구조로 인한 대화 부족
   ② 수직적 의사소통 부족
   ③ 수평적 의사소통 부족
   ④ 경영진에 대한 신뢰 부족 초래

3. **해결 방안**
   ① 자발적 참여 유도 방안
   - 사내 동아리 지원
   - 칭찬 릴레이
   - 온라인 커뮤니티 활성화
   - 워크숍 실시
   - 팀별 호프데이 지원

   ② 제도적인 개선 방안
   - 조직간 R&R(Role and Responsibilities)의 재정립: 경쟁 관계 해소
   - 신문고 제도 시행
   - 경영진과의 티타임 제도 도입 → 소통 확대를 통한 권위 회복
   - 윤리 경영 및 복리 후생의 확대

4. Action Plan

5. **기대 효과**

과제	일정	담당
자발적인 참여 유도 방안	08월-12월	인사팀/경영팀
제도적인 개선 방안	08월-12월	경영팀/기획팀
복리 후생 강화 방안	12월 발표	기획팀

자발적 참여와 제도적 참여를 병행 실시하여 의사소통 문제 해결로 업무 효율 강화 및 이에 따른 조직 경쟁력 확보 및 중장기 비전 달성

〈모범 답안 11〉

먼저 보고서의 필수 논리는 다음과 같이 구성된다.

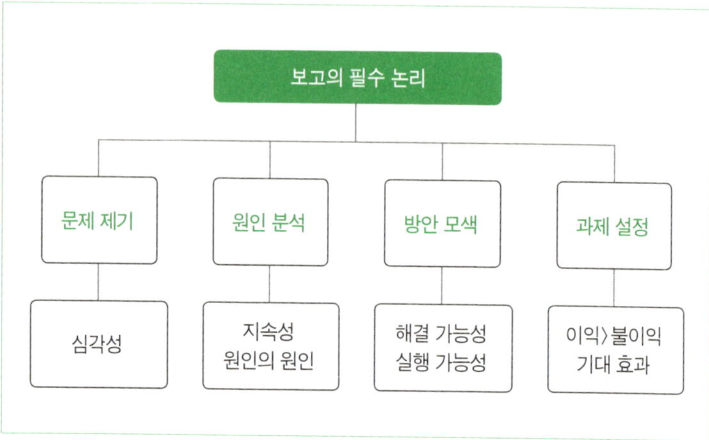

위의 그림에서 보고서의 필수 논리는 네 가지로 요약된다.

1. **문제 제기**: 현 상황이나 정책 등이 심각한 상태인지에 대한 판단이 있어야 한다. 심각성이란 현재 상태가 목표와의 괴리로 인해 개입이 불가피할 정도로 문제가 있다는 것을 말한다.

2. **원인 분석**: 원인 분석 부분에서는 먼저 현재의 심각한 상황이 현행의 정책이나 제도에 의해 초래된 것이라는 것을 규명해야 한다. 이것이 바로 지속성의 차원이다. 다음으로 이 같은 원인의 원인, 즉 이처럼 현행 제도나 정책으로는 해결되지 않는 문제의 본질적인 원인이 규명되어야 한다. 이는 현재 상황을 객관적으로 인식하고, 이 상황을 초래한 변인들을 철저하게 분석하는 과학적 작업을 통해 밝혀질 수 있다.

3. **방안 모색**: 이렇게 규명된 원인의 원인을 근본적으로 해결할 수 있는 새로운 방안에 대한 모색이 있어야 한다. 다양한 방안 가운데 가장 해결 가능성과 실행 가능성이 높은 방안을 선택하는 절차를 거쳐야 한다.

4. **과제 설정**: 이를 통해 새로운 정책이 조직의 새로운 과제로서 설정되게 된다. 이때 이 방안을 통해서 얻을 수 있는 이익이 이로 인한 불이익보다 크다는 점이 증명되어야 한다.

이 같은 필수 논리의 관점에서 제시문에 나온 보고서의 경우에는 보고서의 목적이나 문제 및 해결 방안은 있으나, 가장 중요한 원인 분석과 과제 설정이 빠져 있다. 따라서 이 보고서의 잘

못된 부분을 체크하여 보고서의 필수 논리에 맞게 본 보고서를 재구성해야 한다. 아래의 우측 수정 보고서에서 3. 원인 분석 파트와 5. 과제 제시 파트가 기존의 좌측 보고서에서 다루지 않은 누락된 부분에 해당된다.

기존 보고서	수정된 보고서
효과적인 회의 운영 방안 1. 목적: 불필요한 회의 횟수 및 회의 시간 단축 2. 문제: - 중복 주제 회의가 많다 - 책임 회피형 회의가 많다 - 보고 위주의 회의가 많다 - 사전 협의 없는 즉석 회의가 많다 - 전달형 회의가 많다 - 회의를 위한 회의가 많다 - 사전 주제 전달이 미흡하다 - 참석자의 자료 정보 수집 노력이 부족하다 - 회의가 주제와 무관하게 진행된다 3. 해결 방안 ① 중복 주제 회의의 통폐합 ② 전달형 회의는 서면 보고로 대체 ③ 사전 주제 명확히 전달 ④ 회의 진행 매뉴얼 작성	효과적인 회의 운영 방안 1. 목적: 불필요한 회의 횟수 및 회의 시간 단축 2. 문제: - 중복 주제 회의가 많다 - 책임 회피형 회의가 많다 - 보고 위주의 회의가 많다 - 사전 협의 없는 즉석 회의가 많다 - 전달형 회의가 많다 - 회의를 위한 회의가 많다 - 사전 주제 전달이 미흡하다 - 참석자의 자료 정보 수집 노력이 부족하다 - 회의가 주제와 무관하게 진행된다 3. 원인 분석 ① 과도한 업무 부하 ② 경쟁 프레젠테이션 의무 참여 4. 방안 모색 ① 중복 주제 회의의 통폐합 ② 전달형 회의는 서면 보고로 대체 ③ 사전 주제 명확히 전달 ④ 회의 진행 매뉴얼 작성 5. 과제 제시 ① 새로운 회의 방법 롤 모델 제시 ② 디베이트 식 모의 회의 실시 ③ 아이디어 킬러 없는 편안한 회의 운영

〈모범 답안 12〉

문제 해결형 보고서는 결론 → 문제 → 원인 → 해결 방안의 구조로 구성하는 것이 좋다.

〈제품 판매 확대 방안 보고〉

■ **결론**

연초 새롭게 출시한 00 제품의 타깃 고객 확대 및 마케팅 강화 방안 도입의 필요

■ **문제 제기**

1. 필요성 및 목적

00 제품의 판매 확대를 통한 수익성 제고

2. 진행경과

-연초에 20대 여성 대상 00 제품 발매

-타계절 대비 여름철(6~8월) 판매 감소

-경쟁 상품의 공격적 마케팅으로 당사 제품 매출 감소 발생

■ **현황 및 원인 분석**

1. 실태

-경쟁 상품이 10대 후반 청소년에게 인기

-여름철 판매 감소 발생 및 경쟁 제품으로 인한 매출 감소 발생

2. 원인

① Company(자사)

-한정된 타깃으로 인한 타연령층 어필 미흡

-제품 출시 이후 적극적 마케팅 미실시- 경쟁사 대비 홍보 효과 미흡

-기존 판매처에만 의존하는 판매 방식: 홈쇼핑 및 통신 판매 등 타경로 개척 미비

-영업 전략의 부재: 집중 판매와 판매적 확대 미실시

-매장 내 모니터링 부족: 매장 내 진열 상태 미확인

② Customer(고객)

- 타깃 고객인 20대 여성이 여름철에 본상품 기피하는 경향

③ Competitor(경쟁사)

- 경쟁사는 10대 후반 청소년을 타깃으로 공격적 마케팅 실시

■ **해결 방안**

1. 방안

① Promotion

-마케팅 범위 확대: 20대 여성+10대 중후반 청소년

→ 중고교 하교 시간에 학교 앞 프로모션 실시

-판매 방법 및 채널 확대: 기존 판매점+통신 판매+홈쇼핑

→ 홈쇼핑 MD 미팅 계획 수립 및 통신 판매 실시

② Place

-영업 전략 수립: 전문 판매점 특정 지역 공략+일반 판매점 확대 전략

→ 전국적으로 산재한 전문 판매점 중에서 인구밀집도가 높은 서울과 수도권 공략

→ 일반 판매점 기존 거래선에서 전국적인 확대

- 매장 모니터링 강화: 진열 개선

→ 영업부에서 전국 각 판매점의 방문 횟수 확대 및 진열 상태 확인

③ Product

-기존 상품을 유지하되, 패기지에서 10대를 포함할 수 있는 콘셉트로 재패키지화

④ Price

-경쟁사 제품과 동일 수준의 가격대 유지

2. 소요 수단 및 자원

-마케팅 전담 FTF 구성, 영업사원 추가 채용

3. 기대 효과

-타깃 연령층 확대로 인한 판매 증가

-판매 채널 확대로 인해 판매 증가 및 홍보 효과 제고

-특정 지역 집중 공략으로 인한 인력 감축 효과

-일반 판매점 확대로 인해 제품 노출

-진열 개선을 통한 제품 홍보 및 판매 증대

■ **추진 계획**

1. 마케팅 FTF 구성
2. 영업사원 추가 채용
3. 홍보 전단 준비
4. 영업 전략 수립
5. 모니터링 계획 및 담당자 선정
6. 추진 일정

구분	세부 계획	3월	4월	5월	6월	7월	8월	9월	10월
마케팅 TFT 구성	인원 선발	→							
	장소 확보	→							
영업사원 추가 채용	채용 의뢰	→							
	채용 진행			─	─	→			
프로모션	학교 선정		→						
	전단 제작			→					
영업 전략 수립	판매점 선정				→				
	가격 협상			─	─	→			
모니터링 진행	지역 분할		→						
	담당 선정			─	→				
	방문 계획					→			

논리는 개발이다

초판 1쇄 인쇄 2013년 2월 28일
초판 1쇄 발행 2013년 2월 28일

지은이 강태완
펴낸이 조인원
펴낸곳 경희대학교 출판문화원
임프린트 룩스문디

주소 서울특별시 동대문구 경희대로 26
전화 02-961-0106~8, 팩스 02-962-8840
설립 1960년 9월 16일 제5-8호
등록 1977년 11월 8일 제6-5호
홈페이지 http://www.khupress.com
전자우편 press@khu.ac.kr

ISBN 978-89-8222-431-7 03310

룩스문디는 경희대학교 출판문화원에서 펴내는 교양서 임프린트입니다.